Jung Explicado: Fundamentos da Psicologia Analítica

Clássicos da Psicanálise — Autores Explicados, Volume 2

Deivede Eder Ferreira

Published by ABRAFP, 2025.

JUNG EXPLICADO: FUNDAMENTOS DA PSICOLOGIA ANALÍTICA

First edition. December 26, 2025.

ISBN: 979-8233342325

Written by Deivede Eder Ferreira.

Table of Contents

Índice

Capítulo 1: Carl Gustav Jung e o Nascimento da Psicologia Analítica

Para compreender a gênese da Psicologia Analítica, é indispensável situar Carl Gustav Jung não apenas como um indivíduo isolado, mas como o produto de um tempo e de um espaço singulares. Nascido em 26 de julho de 1875, em Kesswil, um pequeno vilarejo na Suíça, Jung veio ao mundo em um momento de profunda transição cultural e intelectual na Europa. O final do século XIX era marcado por uma tensão vibrante: de um lado, o avanço robusto do materialismo científico e do positivismo, que prometiam explicar o mundo através de leis físicas e químicas imutáveis; de outro, o remanescente do Romantismo alemão e um interesse crescente pelos fenômenos espirituais e pelo ocultismo, que buscavam resgatar o mistério da existência humana diante do desencantamento promovido pela ciência.

Jung personificou essa dualidade desde a infância. Filho de Paul Achilles Jung, um pastor protestante da Igreja Reformada Suíça, e de Emilie Preiswerk, descendente de uma família de teólogos e hebraístas, ele cresceu em um ambiente onde a religião era a linguagem dominante, mas onde a dúvida silenciosa também residia. A figura do pai exerceu uma influência decisiva, embora dolorosa, sobre o jovem Carl. Paul Jung era visto pelo filho como um homem que perdera a fé viva, apegando-se dogmaticamente aos rituais e à teologia institucionalizada para evitar o abismo do vazio espiritual. Essa observação precoce plantou em Jung a semente de uma de suas convicções mais duradouras: a necessidade de substituir a crença cega pela experiência direta do numinoso.

A atmosfera doméstica era complexa. Se o pai representava a lei, a convenção e, paradoxalmente, a impotência espiritual, a mãe, Emilie, era uma figura ambivalente. Jung descrevia-a como tendo duas personalidades: uma mulher convencional e hospitaleira durante o dia, e uma presença arcaica, intuitiva e por vezes inquietante à noite. Essa dualidade materna encontrou eco na própria percepção interna de Jung. Desde cedo, ele identificou em si mesmo duas personalidades distintas, às quais chamou de Personalidade No. 1 e Personalidade No. 2. A primeira era o escolar, o filho do pastor, adaptado à realidade cotidiana e focado no sucesso acadêmico; a segunda era atemporal, cética, ligada à natureza e portadora de uma sabedoria que parecia transcender sua idade cronológica. Essa dialética interna não foi apenas uma fantasia infantil, mas a estrutura fundamental sobre a qual ele construiria, décadas mais tarde, seus conceitos de Ego e Self (Si-mesmo).

Ao ingressar na Universidade de Basileia em 1895, Jung levou consigo esse conflito interior. Inicialmente atraído pela arqueologia, acabou optando pela medicina, movido pelo desejo de compreender o ser humano de forma concreta. No entanto, o materialismo estrito da faculdade de medicina muitas vezes o frustrava. Para seus professores e colegas, a vida era um processo mecânico, e a mente, um epifenômeno do cérebro. Jung, contudo, lia vorazmente filósofos como Kant, Schopenhauer e Nietzsche, buscando uma ponte entre o rigor da ciência biológica e as realidades inefáveis da alma.

A decisão de se especializar em psiquiatria foi, à época, surpreendente para seus pares. No final do século XIX, a psiquiatria era considerada a Cinderela da medicina, uma área de pouco prestígio, onde as possibilidades de cura eram mínimas e os médicos atuavam mais como carcereiros de asilos do que como terapeutas. O ponto de virada ocorreu quando Jung leu o manual de psiquiatria de Richard von Krafft-Ebing, que descrevia as psicoses como doenças da personalidade. Nesse momento, Jung percebeu que a psiquiatria era o único campo onde os dois rios de seu interesse — a natureza biológica e o espírito humano — poderiam confluir. Era o campo onde a ciência colidia com a subjetividade.

Em 1900, recém-formado, Jung assumiu o posto de assistente no Hospital Psiquiátrico Burghölzli, em Zurique, uma das instituições mais renomadas da Europa. Sob a direção de Eugen Bleuler, um gigante da psiquiatria que cunharia o termo esquizofrenia, Jung foi submetido a uma disciplina monástica e a um rigor científico implacável. O Burghölzli não era apenas um hospital; era um centro de pesquisa de vanguarda. Ali, a loucura não era apenas contida, mas meticulosamente observada e catalogada.

Foi nesse ambiente de alta exigência que Jung começou a desenvolver suas primeiras contribuições originais para a psicologia. Diferente da abordagem descritiva comum na época, que se limitava a classificar os sintomas dos pacientes, Jung interessava-se pelo conteúdo das psicoses. Ele queria saber o que significavam as alucinações e os delírios dos pacientes. Onde outros viam apenas o caos de um cérebro deteriorado, Jung suspeitava haver um método, uma narrativa simbólica distorcida, mas prenhe de sentido.

A ferramenta que projetou Jung para o cenário internacional foi o Experimento de Associação de Palavras. Adaptando pesquisas anteriores, Jung desenvolveu um teste onde lia uma lista de palavras-estímulo para o paciente, que deveria responder com a primeira palavra que lhe viesse à mente. Jung não estava interessado apenas no conteúdo da resposta, mas nas reações fisiológicas e temporais: o tempo de reação, a falha na memória, a gagueira ou a alteração na condutividade elétrica da pele (resposta galvânica). Ele observou que certas palavras provocavam um atraso na resposta ou uma reação emocional desproporcional.

A partir desses dados empíricos, Jung formulou a Teoria dos Complexos. Ele concluiu que a psique não era uma unidade homogênea, mas continha grupos de ideias e memórias carregadas emocionalmente que se aglomeravam em torno de um núcleo temático. Quando uma palavra do teste tocava um desses núcleos, o complexo era ativado, interferindo no controle consciente do ego. Jung demonstrou, com rigor experimental, que o inconsciente não era apenas um depósito passivo, mas uma instância ativa capaz de interromper e manipular a consciência. Essa descoberta foi revolucionária, pois oferecia uma prova científica da existência de processos inconscientes autônomos.

O sucesso dos experimentos de associação de palavras conferiu a Jung uma reputação sólida como cientista empírico. Ele não era um místico especulativo, mas um pesquisador clínico que utilizava métodos quantitativos para investigar a psique. Seus trabalhos chamaram a atenção da comunidade médica internacional e, inevitavelmente, prepararam o terreno para o encontro que mudaria o curso da história da psicologia. Ao enviar seus estudos sobre os complexos para Viena, Jung iniciou um diálogo com o criador da psicanálise, Sigmund Freud.

Contudo, é crucial notar que, antes mesmo de conhecer Freud pessoalmente, o pensamento de Jung já possuía uma arquitetura própria. Sua formação em Basileia, suas leituras filosóficas, suas experiências familiares e seu trabalho no Burghölzli haviam moldado uma mente que buscava a totalidade. Enquanto Freud partia da neurologia para a psicologia, Jung trazia consigo a bagagem da história das religiões, da antropologia e da filosofia. A psicologia, para Jung, nunca poderia ser reduzida a um mecanismo de impulsos reprimidos; ela deveria ser, antes de tudo, a ciência da experiência humana em sua busca por significado.

Portanto, o nascimento da Psicologia Analítica não deve ser entendido apenas como uma dissidência posterior da psicanálise freudiana. Suas raízes são anteriores e mais profundas, mergulhadas no solo fértil da tradição intelectual suíça e alemã. O jovem médico que caminhava pelos corredores do Burghölzli, ouvindo atentamente as histórias desconexas de pacientes esquizofrênicos, já estava, à sua maneira, mapeando territórios que a ciência de sua época ignorava. Ele estava descobrindo que, por trás da patologia, existia uma estrutura arquetípica e universal, uma ideia que se tornaria a pedra angular de toda a sua obra futura.

O ano de 1906 marcou o início formal de uma das colaborações mais célebres e tempestuosas da história intelectual do século XX. Carl Gustav Jung, já tendo estabelecido seu nome através dos experimentos de associação de palavras no Hospital Burghölzli, decidiu enviar seus Estudos Diagnósticos de Associação a Sigmund Freud, em Viena. Freud, vinte anos mais velho e já isolado pela comunidade médica devido à natureza controversa de suas teorias sexuais, recebeu o trabalho do jovem psiquiatra suíço com entusiasmo. Para o criador da psicanálise, Jung não era apenas mais um leitor; era a confirmação de que suas ideias haviam ultrapassado as fronteiras de Viena e encontrado eco na psiquiatria clínica acadêmica.

O primeiro encontro pessoal ocorreu em fevereiro de 1907, em Viena. A sintonia intelectual foi imediata e avassaladora. Relatos históricos dão conta de que os dois conversaram ininterruptamente por treze horas, um diálogo torrencial que percorreu os recantos mais obscuros da mente humana. Jung encontrou em Freud uma figura paterna intelectual, um pioneiro que teve a coragem de descer aos infernos do inconsciente e trazer de lá um mapa inteligível. Freud, por sua vez, viu em Jung o filho herdeiro, o sucessor capaz de levar a causa psicanalítica adiante.

Havia, contudo, um componente político e estratégico na afeição de Freud. O círculo psicanalítico original era composto quase exclusivamente por intelectuais judeus vienenses, o que facilitava aos críticos rotular a psicanálise como uma ciência judaica, marginalizando-a do discurso científico europeu dominante. Jung, sendo suíço, cristão, filho de pastor e ligado a uma instituição de renome internacional como o Burghölzli, representava a oportunidade de universalizar a psicanálise. Freud chegou a referir-se a Jung como seu príncipe herdeiro e sucessor, depositando nele expectativas imensas que, mais tarde, se revelariam um fardo insustentável.

Apesar da intensa colaboração que se seguiu, as sementes da discórdia estavam plantadas desde o início. A admiração de Jung por

Freud nunca foi uma submissão cega. Jung possuía uma estrutura intelectual prévia, moldada, como vimos, pela filosofia, pela teologia e pela experiência com psicóticos, que diferia substancialmente da experiência de Freud com neuróticos. O ponto nevrálgico da divergência residia na concepção da libido e na natureza do inconsciente.

Para Freud, a libido era fundamentalmente energia sexual. A etiologia das neuroses deveria ser buscada invariavelmente em traumas ou repressões sexuais da infância. Jung, embora reconhecesse a importância da sexualidade, considerava essa visão redutora. Ele começou a conceber a libido de uma maneira mais ampla, como uma energia psíquica neutra, uma força vital comparável à energia física, que poderia manifestar-se através da sexualidade, mas também através da fome, da criatividade, da intelectualidade e da busca espiritual. Para Jung, reduzir todas as aspirações humanas, inclusive a arte e a religião, a sublimações de impulsos sexuais reprimidos, era ignorar a complexidade e a teleologia — o propósito — da alma humana.

A tensão teórica ganhou contornos dramáticos durante a viagem que ambos fizeram aos Estados Unidos em 1909, convidados para palestrar na Clark University. Durante a travessia do Atlântico, os dois analisavam os sonhos um do outro. Em uma ocasião, quando Jung pressionou Freud por mais detalhes pessoais para interpretar corretamente um sonho, Freud recusou-se, afirmando que não poderia arriscar perder sua autoridade. Para Jung, aquele momento decretou o fim da autoridade de Freud; a verdade científica e a integridade da análise haviam sido sacrificadas em nome de uma hierarquia de poder.

Foi também nessa viagem que Jung teve um sonho seminal, que prefigurou sua descoberta do inconsciente coletivo e marcou a diferença irreconciliável entre os dois pensadores. Jung sonhou que estava no andar superior de uma casa antiga, mobiliada com sofisticação. Ao descer as escadas, percebeu que o andar térreo era medieval, com tijolos vermelhos e ambiente sombrio. Descendo ainda mais, chegou a um porão de época romana. Curioso, levantou uma laje de pedra no chão e encontrou uma caverna escavada na rocha, repleta de ossos, cerâmicas quebradas e dois crânios humanos semidestruídos.

Quando Jung contou o sonho a Freud, o mestre vienense focou obsessivamente nos crânios, interpretando-os como um desejo de morte disfarçado contra alguém próximo, talvez o próprio Freud ou a esposa de Jung. Jung, para evitar o conflito, concordou superficialmente, mas internamente sabia que a interpretação estava errada. Ele compreendeu que a casa representava a estrutura da psique: o andar superior era a consciência atual; o térreo, o inconsciente pessoal e as memórias recentes; mas os níveis inferiores — romano e pré-histórico — não pertenciam à sua biografia pessoal. Eram vestígios da história da humanidade, camadas arcaicas presentes na mente de qualquer ser humano. Ali, Jung teve a intuição clara de que o inconsciente não era apenas um depósito de repressões pessoais, como queria Freud, mas um sistema objetivo e histórico, compartilhado por toda a espécie.

A ruptura definitiva ocorreu com a publicação do livro de Jung, Símbolos da Transformação (originalmente Wandlungen und Symbole der Libido), em 1912. Nesta obra, Jung propôs uma releitura do conceito de incesto. Em vez de entendê-lo literalmente como o desejo sexual pela mãe, Jung sugeriu que o incesto simbolizava o desejo de retorno ao útero materno do inconsciente para renascer. Era um movimento de regressão em busca de renovação, não uma perversão sexual concreta. Ao retirar a primazia sexual do dogma psicanalítico, Jung sabia que estava cometendo uma heresia imperdoável aos olhos de Viena.

A reação de Freud foi o rompimento. Em cartas trocadas no início de 1913, a amizade foi formalmente dissolvida. Freud via a ampliação do conceito de libido por Jung como uma traição e um abandono do rigor científico em favor de um misticismo vago. Jung, por sua vez, sentia que o dogmatismo de Freud transformara a psicanálise em uma religião secular, onde a dúvida não era permitida e onde a complexidade da alma era forçada a caber no leito de Procusto da teoria sexual.

O preço da independência intelectual foi alto. A ruptura com Freud não custou a Jung apenas a amizade de uma figura paterna, mas também sua posição na comunidade científica. Ele renunciou ao cargo de editor do anuário psicanalítico e à presidência da Associação Psicanalítica Internacional. De repente, o príncipe herdeiro tornou-se persona non grata. Muitos colegas e amigos viraram-lhe as costas.

Esse isolamento profissional precipitou Jung em uma profunda crise pessoal, que duraria vários anos. Sem o suporte da teoria freudiana e sem a estrutura institucional que o apoiava, Jung viu-se sozinho diante de seu próprio inconsciente. Ele não podia mais apoiar-se em teorias alheias; precisava descobrir a verdade em sua própria carne. Esse período de desorientação, que muitos biógrafos chamaram de doença criativa, foi o cadinho onde a Psicologia Analítica foi verdadeiramente forjada. Jung mergulhou em suas próprias fantasias, sonhos e visões, num processo de autoexperiência radical que daria origem ao Livro Vermelho e aos conceitos fundamentais que estruturariam sua nova psicologia.

A ruptura com Freud, portanto, não foi apenas um desentendimento acadêmico, mas um evento sísmico que obrigou Jung a diferenciar-se e a articular uma visão de mundo onde o espírito, a cultura e a história tinham tanto peso quanto a biologia. Foi o momento doloroso, mas necessário, em que Jung deixou de ser o filho de Freud para se tornar ele mesmo, abrindo caminho para uma compreensão da psique que transcendia a patologia e abraçava a totalidade da experiência humana.

O período de isolamento e introspecção radical que se seguiu ao rompimento com Freud, entre 1913 e 1919, é frequentemente descrito pelos biógrafos como os anos da doença criativa. No entanto, seria mais preciso classificar esse intervalo como o laboratório empírico onde a Psicologia Analítica foi gestada. Jung encontrava-se em uma posição singular: desprovido das antigas certezas da psicanálise e sem uma nova teoria para substituí-las, ele decidiu fazer de sua própria psique o objeto de estudo. Se no Hospital Burghölzli ele observava a loucura do lado de fora, agora ele se propunha a observar as erupções do irracional dentro de si mesmo, mantendo a consciência vigíil e registrando meticulosamente cada imagem, fantasia e impulso.

Dessa descida voluntária ao inconsciente emergiu a convicção fundamental que distingue a Psicologia Analítica de todas as outras abordagens da época: a realidade da psique. Para Jung, a psique não era um epifenômeno, uma fumaça secundária produzida pela biologia ou pelas pressões sociais. Ela era uma realidade objetiva, um mundo interior tão vasto, autônomo e regido por leis próprias quanto o mundo exterior. Enquanto a ciência materialista tratava as fantasias e os sonhos como nada além de ruído neural ou desejos reprimidos, Jung passou a encará-los como fatos naturais, expressões legítimas de uma natureza interior que buscava se comunicar.

Foi com base nessa premissa que Jung começou a estruturar o que inicialmente chamou de Psicologia dos Complexos, termo que eventualmente cedeu lugar a Psicologia Analítica. A escolha do nome não foi acidental. Jung precisava demarcar seu território em relação à Psicanálise de Freud e à Psicologia Individual de Alfred Adler. Se a psicanálise freudiana era essencialmente redutiva — ou seja, buscava explicar os fenômenos psíquicos reduzindo-os às suas causas primárias e instintivas —, a nova psicologia de Jung propunha uma abordagem sintética e construtiva.

A divergência central residia na questão da teleologia versus causalidade. A psicanálise operava sob uma lógica estritamente causal: o sintoma atual é o resultado de um trauma passado. A pergunta fundamental de Freud era: por que isso aconteceu? Jung, sem negar a importância do passado, introduziu uma perspectiva finalista. Para ele, a psique é orientada para o futuro. O sintoma, a neurose ou o sonho não são apenas resíduos de ontem, mas tentativas de adaptação para o amanhã. A pergunta junguiana passou a ser: para que isso está acontecendo? Qual é a finalidade desse sofrimento? Nessa visão, uma depressão, por exemplo, deixa de ser apenas uma patologia a ser eliminada e passa a ser vista como uma exigência da psique para que o indivíduo pare, reflita e mude uma atitude consciente que se tornou estéril ou unilateral.

Essa mudança de paradigma permitiu a Jung formular o método construtivo. Enquanto a análise freudiana desmontava a personalidade para encontrar a peça defeituosa (o complexo reprimido), a abordagem junguiana buscava reunir os fragmentos dispersos da psique em uma nova totalidade. Jung percebeu que a cura não advinha apenas da compreensão intelectual da causa do sofrimento, mas da integração de conteúdos inconscientes que traziam novas possibilidades de vida. O inconsciente deixava de ser visto como um porão de monstros e passava a ser reconhecido como uma fonte de criatividade e renovação, um parceiro indispensável da consciência.

A consolidação teórica dessa nova escola de pensamento ocorreu com a publicação, em 1921, da obra Tipos Psicológicos. Este livro foi, em muitos aspectos, a resposta intelectual de Jung ao seu conflito com Freud e Adler. Tentando entender como três homens inteligentes podiam observar os mesmos fatos clínicos e chegar a conclusões tão díspares, Jung desenvolveu uma teoria sobre a estrutura da consciência. Ele propôs que os seres humanos percebem e processam o mundo de maneiras fundamentalmente diferentes, classificando essas diferenças em duas atitudes principais — introversão e extroversão — e quatro funções psíquicas — pensamento, sentimento, sensação e intuição.

Ao publicar Tipos Psicológicos, Jung não estava apenas oferecendo uma ferramenta de classificação de personalidade; ele estava estabelecendo uma epistemologia para a sua psicologia. Ele demonstrava que toda teoria psicológica é, inevitavelmente, uma confissão subjetiva do seu autor. Freud, com sua visão focada no objeto e na sexualidade, partia de uma perspectiva extrovertida; Adler, focado na vontade de poder e na defesa do ego, trazia uma visão mais introvertida. A Psicologia Analítica nascia, portanto, com a humildade de reconhecer a relatividade da própria observação, buscando uma visão que transcendesse a unilateralidade de qualquer tipo específico.

Outro pilar fundamental estabelecido nessa fase inicial foi o conceito de autorregulação da psique. Influenciado pelos princípios da homeostase biológica, Jung postulou que a psique funciona como um sistema autorregulador que busca incessantemente o equilíbrio. Se a atitude consciente se torna demasiado extremada — por exemplo, excessivamente racional, materialista ou altruísta —, o inconsciente reage produzindo sonhos, fantasias ou sintomas que compensam essa unilateralidade. O sonho não é um disfarce para ocultar desejos proibidos, como pensava Freud, mas uma mensagem direta e corretiva, uma tentativa da natureza interna de restaurar o balanço psíquico.

A Psicologia Analítica definiu-se, assim, não apenas como uma técnica terapêutica para tratar doenças mentais, mas como uma psicologia do desenvolvimento humano. Jung introduziu a ideia de que o desenvolvimento da personalidade não cessa na infância ou na resolução do Complexo de Édipo. Pelo contrário, ele identificou que os problemas mais profundos e significativos surgem frequentemente na segunda metade da vida. Enquanto a primeira metade é dedicada à adaptação externa — conquistar um lugar no mundo, constituir família, construir carreira —, a segunda metade exige uma volta para dentro, uma busca por significado e cultura. A esse processo de amadurecimento e integração, Jung deu o nome de individuação, conceito que se tornaria o coração pulsante de toda a sua obra posterior.

É crucial notar que, ao fundar a Psicologia Analítica, Jung não rejeitou o método científico, mas buscou expandi-lo para que pudesse abarcar a complexidade da experiência humana. Ele continuou sendo o empírico rigoroso do Burghölzli, mas um empírico que aceitava o dado subjetivo como um fato científico. Para Jung, se um paciente acredita que está sendo perseguido por demônios, os demônios não existem fisicamente na sala, mas o medo e a imagem psíquica são fatos reais com consequências fisiológicas e comportamentais concretas. Negar a realidade da experiência subjetiva seria, para ele, um ato anticientífico.

Assim, ao final da segunda década do século XX, Carl Gustav Jung já não era mais o príncipe herdeiro da psicanálise, nem o pária isolado de 1913. Ele era o fundador de uma nova disciplina que via o ser humano como um ser anfíbio, forçado a viver em dois mundos: o mundo externo da realidade coletiva e o mundo interno das imagens arquetípicas. A Psicologia Analítica apresentava-se como a ponte entre esses dois universos, prometendo não apenas a cura dos sintomas, mas o resgate do sentido da vida em uma era de desencantamento.

Com as bases teóricas estabelecidas — a realidade da psique, a teleologia, a autorregulação e os tipos psicológicos —, Jung estava pronto para mapear com mais detalhes a geografia desse mundo interior. Se o inconsciente não era apenas um depósito de repressões pessoais, o que mais ele continha? Que estruturas universais sustentavam a mente humana? Essas perguntas conduzem diretamente ao próximo passo de nossa investigação: a anatomia detalhada da psique segundo Jung, onde encontraremos não apenas as memórias esquecidas do indivíduo, mas a herança ancestral de toda a humanidade.

Capítulo 2: A Estrutura da Psique

Ao adentrarmos a geografia da psique humana proposta por Carl Gustav Jung, o ponto de partida mais natural e imediato é aquele território que nos é mais familiar: a consciência. Se imaginarmos a psique total como um vasto globo terrestre, o ego seria a pequena ilha de terra firme onde habitamos, cercada por todos os lados pelo oceano profundo e desconhecido do inconsciente. É a partir dessa ilha que observamos o mundo, tomamos decisões e construímos nossa narrativa de identidade. No entanto, na Psicologia Analítica, o ego não é o senhor absoluto da casa, mas apenas o guardião de uma porta específica, desempenhando funções vitais, porém limitadas, na economia psíquica.

Jung define o ego não como a totalidade da personalidade, mas como um complexo. Tecnicamente, ele se refere a esta estrutura como o complexo do eu. Um complexo, na terminologia junguiana, é um agrupamento de representações mentais carregadas de energia emocional em torno de um núcleo. O ego é, portanto, aquele complexo específico que possui a força magnética de atrair conteúdos da psique e trazê-los para o campo da luz, ou seja, para a consciência. Tudo aquilo que eu sei, sinto, percebo e lembro neste exato momento passa, necessariamente, pelo filtro do ego. O que não se associa ao ego permanece, para todos os efeitos práticos, inexistente para o indivíduo consciente, mergulhado na escuridão do inconsciente.

A função primordial do ego é garantir a continuidade e a identidade da personalidade. É graças a ele que acordamos pela manhã sabendo que somos a mesma pessoa que foi dormir na noite anterior. Ele tece o fio da memória biográfica e estabelece uma fronteira necessária entre o sujeito (eu) e o objeto (o mundo externo ou os outros). Sem um ego coeso e funcional, a mente seria invadida por um fluxo caótico de imagens internas e estímulos externos, resultando em um estado de confusão ou psicose. Portanto, antes de qualquer trabalho de exploração profunda do inconsciente, Jung sempre enfatizava a necessidade de um ego forte e bem estruturado, capaz de suportar o confronto com realidades psíquicas mais amplas.

Contudo, o ego não é um observador passivo. Ele atua ativamente selecionando o que deve e o que não deve entrar na consciência. Essa seleção é vital para a adaptação à vida cotidiana, mas carrega um preço: a unilateralidade. O ego tende a admitir apenas aquilo que confirma suas crenças, valores e autoimagem, reprimindo ou ignorando tudo o que lhe causa desconforto ou dissonância. É aqui que entra a importância fundamental das funções da consciência, mecanismos através dos quais o ego se orienta e se adapta à realidade.

Como mencionado brevemente ao final do capítulo anterior, foi na obra Tipos Psicológicos que Jung detalhou como a consciência opera através de quatro funções orientadoras fundamentais: o Pensamento, o Sentimento, a Sensação e a Intuição. Estas não são meras características de personalidade, mas ferramentas epistemológicas, ou seja, as formas pelas quais apreendemos a realidade e nos relacionamos com ela. Para Jung, o ego utiliza essas quatro funções como uma bússola para navegar no mundo.

A primeira distinção que deve ser feita é entre as funções racionais (ou de julgamento) e as funções irracionais (ou de percepção). As funções racionais são o Pensamento e o Sentimento. Elas são chamadas assim porque envolvem um ato deliberado de julgamento, classificação e avaliação da experiência. O Pensamento busca compreender o mundo através da lógica e de conceitos abstratos. Ele pergunta: o que é isto? Sua meta é estabelecer a verdade conceitual, categorizando a experiência em verdadeiro ou falso, correto ou incorreto, segundo premissas lógicas.

O Sentimento, por sua vez, é frequentemente mal compreendido. No senso comum, tendemos a igualar sentimento a emoção, mas para Jung, o Sentimento é uma função racional de valoração. Enquanto o pensamento diz o que uma coisa é, o sentimento diz quanto ela vale. Ele julga a experiência baseando-se em valores de agradável ou desagradável, aceitável ou inaceitável, bom ou mau. É a função que nos permite estabelecer hierarquias de importância, criar laços sociais e navegar no mundo ético e estético. Uma pessoa pode ter um sentimento altamente diferenciado e racional, sabendo avaliar com precisão o clima emocional de uma sala ou o valor moral de uma ação, sem necessariamente estar tomada por uma emoção visceral descontrolada.

As funções irracionais, Sensação e Intuição, não são chamadas assim por serem ilógicas ou tolas, mas porque não se baseiam no julgamento, e sim na pura percepção do que está dado. Elas operam antes que qualquer julgamento seja feito. A Sensação é a função do realismo concreto. Ela percebe os fatos através dos órgãos dos sentidos. O tipo sensação está ancorado no aqui e agora; para ele, a realidade é aquilo que pode ser visto, tocado, cheirado e ouvido. É a função que nos conecta ao mundo físico e nos dá a certeza da existência material.

A Intuição, em contraste, é a percepção através do inconsciente. Onde a sensação foca no que está presente, a intuição foca no que está ausente, no que está por vir ou no que está implícito. O intuitivo percebe possibilidades, atmosferas e origens ocultas. Ele olha para uma semente e não vê apenas o pequeno grão (sensação), mas a árvore gigante que ela pode vir a se tornar. A intuição é a função que fareja o potencial das situações, muitas vezes saltando etapas lógicas para chegar a uma conclusão que se revela correta, embora o indivíduo não saiba explicar exatamente como chegou lá.

Na economia do ego, raramente essas quatro funções operam com a mesma força. Jung observou que, no processo de desenvolvimento e adaptação ao meio (escola, família, cultura), o ego tende a privilegiar uma dessas funções, que se torna a função superior ou dominante. É a ferramenta com a qual o indivíduo se sente mais confortável e competente para lidar com o mundo. Se o ego se especializa no Pensamento, por exemplo, o indivíduo resolverá seus problemas principalmente através da análise lógica e do planejamento.

No entanto, essa especialização gera uma sombra funcional. A função oposta à superior tende a permanecer subdesenvolvida, arcaica e, muitas vezes, inconsciente. Esta é a chamada função inferior. Se alguém tem o Pensamento como função superior, sua função inferior será necessariamente o Sentimento. Isso não significa que a pessoa não tenha sentimentos, mas que seus julgamentos de valor tendem a ser imaturos, suscetíveis, explosivos ou ingênuos. O executivo brilhante que comanda empresas com lógica impecável (Pensamento superior) pode se ver completamente refém de um capricho sentimental infantil ou de um relacionamento destrutivo que ele não consegue avaliar corretamente (Sentimento inferior). A dinâmica entre a função superior, que é o braço direito do ego na luz da consciência, e a função inferior, que é a porta por onde o inconsciente frequentemente invade a vida do sujeito, é um dos motores centrais do conflito psíquico e do desenvolvimento da personalidade.

Além das quatro funções, o ego também se orienta por uma atitude geral: a introversão ou a extroversão. Isso define a direção do fluxo da energia psíquica (libido). No extrovertido, a libido flui para fora; o sujeito é fascinado pelo objeto, pelas pessoas e pelas circunstâncias externas. Ele se orienta pelo que acontece lá fora. No introvertido, a libido recua diante do objeto e volta-se para o sujeito. O mundo interno, as impressões subjetivas e as reações pessoais têm prioridade sobre os fatos externos. Não se trata de timidez ou sociabilidade, mas de onde o indivíduo busca sua segurança e suas referências principais: no objeto externo ou na impressão interna.

O ego, portanto, é essa estrutura complexa e dinâmica que utiliza uma função dominante e uma atitude específica para recortar a realidade e torná-la manejável. Ele é o centro da nossa consciência, mas não é o centro da psique. Jung frequentemente alertava para o perigo da inflação do ego, o estado em que a consciência acredita ser a totalidade, arrogando-se o controle completo sobre a vida. Essa ilusão de onipotência é perigosa porque ignora as forças vastas e autônomas que operam logo abaixo da superfície.

A imagem que construímos de nós mesmos através do ego é, por necessidade, incompleta. Para sermos racionais, excluímos o irracional; para sermos adaptados socialmente, excluímos nossos impulsos mais selvagens; para sermos bons, excluímos nossa maldade. O ego é, assim, uma ilha de clareza construída às custas de uma grande exclusão. Mas para onde vão todas essas percepções, memórias, impulsos e funções que o ego rejeitou por não serem compatíveis com sua orientação consciente? Elas não desaparecem. Elas afundam, cruzam a linha da consciência e passam a habitar a camada imediatamente subjacente à superfície: o inconsciente pessoal. É para esse depósito de vida não vivida e de memórias esquecidas que devemos agora voltar nossa atenção.

Se a consciência, com seu centro no ego, pode ser comparada a uma ilha ou a uma sala iluminada onde selecionamos e organizamos nossa experiência imediata, o inconsciente pessoal é a penumbra que cerca essa luz, o porão onde guardamos aquilo que, por algum motivo, não cabe ou não é mais necessário no andar principal da casa. Logo abaixo da linha d'água da consciência, encontramos esta primeira camada da psique profunda. Ela é constituída essencialmente por conteúdos que um dia foram conscientes, mas desapareceram da vista, seja por terem sido esquecidos, reprimidos ou negligenciados, e por impressões sensoriais que nunca tiveram energia suficiente para alcançar a percepção consciente.

O inconsciente pessoal é, por definição, biográfico. Ele contém a história exclusiva do indivíduo. Tudo o que aconteceu com você, e apenas com você, desde o nascimento até o presente momento, e que não está atualmente em sua mente consciente, reside ali. Diferente do inconsciente coletivo, que exploraremos a seguir e que possui uma natureza universal, o inconsciente pessoal é um arquivo privado. Se pudéssemos esvaziar o inconsciente pessoal de um homem específico, encontraríamos os rostos de seus professores de infância, o cheiro da casa de sua avó, a memória de uma humilhação sofrida na adolescência e os desejos que ele não ousa admitir para sua esposa.

No entanto, descrever essa instância apenas como um depósito passivo de memórias seria um erro grave. Para a Psicologia Analítica, o inconsciente é dinâmico e ativo. Ele não apenas armazena; ele agrupa, organiza e, muitas vezes, conspira para interferir na vida consciente. A unidade funcional básica dessa atividade no inconsciente pessoal é o que Jung denominou de complexo.

O termo complexo tornou-se tão popular na linguagem cotidiana que perdemos a noção de seu significado técnico original. Dizemos casualmente que alguém tem um complexo de inferioridade ou um complexo de perseguição, mas na teoria junguiana, esse conceito possui uma arquitetura precisa. Jung descrevia o complexo como um complexo de tonalidade afetiva (gefühlsbetonter Komplex). Trata-se de um agrupamento de imagens, ideias e memórias em torno de um núcleo central, mantidos juntos por uma forte carga emocional.

Podemos imaginar o complexo como um ímã psíquico. Suponhamos que um indivíduo tenha tido uma relação traumática e autoritária com o pai. Essa experiência original forma o núcleo. Com o tempo, outras experiências que tenham, mesmo que remotamente, uma semelhança emocional com aquele trauma original — como um chefe exigente, um policial severo ou até mesmo a imagem de um Deus punitivo — são atraídas por esse núcleo e aderem a ele. O complexo vai crescendo, acumulando energia e material, como uma bola de neve que rola montanha abaixo.

O aspecto mais fascinante e inquietante dos complexos é a sua autonomia. Jung chegou a afirmar que os complexos comportam-se como psiques parciais cindidas ou pequenas personalidades secundárias dentro de nós. Eles possuem vontade própria. Não somos nós que temos complexos; são os complexos que nos têm. Quando um complexo é ativado — ou, na linguagem técnica, constelado — por um evento externo ou um pensamento interno, ele pode tomar conta da personalidade consciente.

Lembremos aqui dos Experimentos de Associação de Palavras realizados por Jung no Hospital Burghölzli, descritos no primeiro capítulo. O que causava o atraso na resposta do paciente, ou o esquecimento da palavra, não era uma falha cognitiva, mas a interferência de um complexo. Quando a palavra-estímulo tocava o núcleo sensível de um complexo, a energia psíquica do ego era momentaneamente sequestrada. O indivíduo perdia o controle. É o que acontece na vida cotidiana quando, diante de uma provocação banal, uma pessoa explode em uma fúria desproporcional. Passado o acesso de raiva, ela pode dizer: não sei o que deu em mim ou eu não era eu mesmo. Psicologicamente, isso é exato: naquele momento, o ego foi deslocado e o complexo assumiu o comando.

A autonomia dos complexos revela que a unidade da consciência é, em grande parte, uma ilusão. Somos habitados por múltiplas vontades e histórias não resolvidas que orbitam no nosso inconsciente pessoal. Contudo, é fundamental desfazer um mal-entendido comum: ter complexos não é, por si só, patológico. Todos os seres humanos têm complexos, pois todos têm história, emoções e conflitos. Os complexos são os tijolos da estrutura psíquica e os motores da energia mental. Sem eles, a atividade psíquica cessaria em uma letargia monótona. Eles se tornam patológicos apenas quando ignorados, reprimidos ou quando sua carga energética se torna tão vasta que consome toda a vitalidade do ego, paralisando a vida do indivíduo.

Além dos complexos formados por traumas ou conflitos morais (aquelas coisas que o ego preferiu não ver e jogou para a sombra), o inconsciente pessoal também abriga potenciais não desenvolvidos. Aqui reside uma diferença crucial entre a visão de Freud e a de Jung. Para Freud, o inconsciente era predominantemente um lugar de repressão, onde o inaceitável era escondido. Para Jung, o inconsciente pessoal contém também o que ainda não amadureceu. Talentos negligenciados, percepções intuitivas que foram descartadas pelo pensamento lógico, sentimentos que não tiveram espaço para florescer; tudo isso aguarda no inconsciente pessoal, pronto para ser integrado se o ego tiver a coragem de olhar para baixo.

A relação entre o ego e o inconsciente pessoal é, portanto, de constante tensão e troca. O ego tenta manter a ordem e a coerência, expulsando o que perturba. O inconsciente pessoal, através dos sonhos, dos atos falhos e das reações emocionais súbitas (complexos), tenta devolver esse material à consciência. Esse mecanismo é uma tentativa de autocura da psique, buscando a totalidade. Se nego minha agressividade durante o dia, posso sonhar que estou sendo perseguido por um animal selvagem à noite. Esse animal é uma imagem do meu próprio complexo agressivo, residindo no meu inconsciente pessoal, pedindo reconhecimento.

Contudo, se continuarmos nossa descida vertical pela estrutura da psique, perceberemos que o inconsciente pessoal não é o fundo do poço. Se analisarmos os complexos profundamente, notaremos que seus núcleos muitas vezes contêm elementos que não podem ser explicados apenas pela biografia do indivíduo. Por que a imagem do pai no complexo paterno carrega atributos que lembram reis, deuses ou tiranos mitológicos, muito além das qualidades reais do pai humano daquele indivíduo? Por que certos temas nos sonhos de uma criança que nunca teve contato com mitologia reproduzem motivos de contos de fadas antigos?

Ao investigarmos essas questões, chegamos à fronteira onde o pessoal termina e o universal começa. Abaixo das memórias esquecidas, dos traumas de infância e dos complexos adquiridos, existe um estrato mais profundo, uma base rochosa sobre a qual toda a psique individual é construída. Assim como o corpo humano carrega a anatomia de sua história evolutiva — com brânquias embrionárias e cóccix vestigial —, a mente carrega a história evolutiva da alma humana. Chegamos, assim, ao conceito mais controverso e revolucionário da Psicologia Analítica: o Inconsciente Coletivo.

Se o inconsciente pessoal pode ser comparado a um depósito de memórias biográficas e complexos adquiridos durante a vida do indivíduo, o inconsciente coletivo representa uma mudança geológica na compreensão da psique. Aqui, deixamos o terreno da subjetividade individual para adentrar uma dimensão que Jung denominou de psique objetiva. Esta camada não deve sua existência à experiência pessoal e, consequentemente, não é uma aquisição individual. Enquanto o inconsciente pessoal é feito de conteúdos que foram um dia conscientes e depois esquecidos ou reprimidos, os conteúdos do inconsciente coletivo nunca estiveram na consciência individual. Eles não foram adquiridos, mas herdados.

A hipótese do inconsciente coletivo é, sem dúvida, a pedra angular e o conceito mais distintivo da Psicologia Analítica, mas é também o mais frequentemente mal compreendido. Para dissipar equívocos comuns — como a ideia de que herdamos memórias literais de nossos antepassados —, é preciso recorrer à biologia. Jung argumentava que, assim como o corpo humano carrega a história de sua evolução anatômica, possuindo um cérebro cuja estrutura foi moldada por milhões de anos de adaptação ao ambiente, a mente humana também possui uma história evolutiva. Não nascemos como uma tábula rasa, uma folha em branco pronta para ser escrita apenas pela educação e pelo ambiente. Nascemos com uma organização psíquica prévia, uma matriz de possibilidades de funcionamento.

Pensemos nos instintos animais. Um pássaro tecelão, criado em isolamento total de outros pássaros desde o ovo, saberá construir o ninho característico de sua espécie no momento em que atingir a maturidade e encontrar o material adequado. Ninguém o ensinou; o padrão de comportamento já estava inscrito em sua estrutura biológica. Para Jung, o inconsciente coletivo é o correlato psíquico do instinto. Ele é o repositório de padrões de comportamento e de apreensão da realidade que são comuns a toda a humanidade, independentemente de cultura, raça ou época histórica.

A prova empírica que levou Jung a postular essa camada universal veio, mais uma vez, de sua experiência clínica no Hospital Burghölzli. Ele observava que os delírios e alucinações de pacientes esquizofrênicos, muitas vezes pessoas sem qualquer educação clássica, continham imagens e narrativas que apresentavam paralelos impressionantes com mitos antigos, rituais religiosos de culturas extintas e simbolismos alquímicos. Como poderia um paciente moderno sonhar ou alucinar com detalhes precisos de um ritual egípcio ou gnóstico que ele jamais estudou?

Um dos exemplos mais célebres citados por Jung é o caso do homem do falo solar. Em 1906, Jung atendeu um paciente esquizofrênico internado há anos, que o chamou até a janela. O homem pediu que Jung olhasse para o sol com os olhos semicerrados, afirmando que veria o pênis do sol pendurado, e que, quando ele balançava a cabeça, esse membro se movia, gerando o vento. Anos mais tarde, em 1910, Jung deparou-se com uma tradução de um papiro mágico grego recém-descoberto, que descrevia uma liturgia do culto a Mitra. O texto dizia: e verás algo pendurado no disco do sol, semelhante a um tubo... e quando se move para o oeste, vem o Vento do Oeste. A semelhança entre a alucinação do paciente e o texto antigo era inegável e perturbadora. Como o paciente não poderia ter tido acesso ao papiro (que ainda não havia sido publicado na época da alucinação), Jung concluiu que a imagem não vinha de uma memória pessoal, mas de uma estrutura arquetípica universal latente na mente humana, que fora ativada pela regressão psicótica.

É fundamental, contudo, fazer uma distinção precisa: o que herdamos não são as imagens em si, mas a possibilidade de formá-las. Jung usava frequentemente a analogia da estrutura axial de um cristal. O sistema axial determina a forma geométrica que o cristal assumirá, mas não a sua existência concreta. A solução química onde o cristal se forma é o meio ambiente e a experiência pessoal; a estrutura axial é o inconsciente coletivo. O inconsciente coletivo fornece a forma, o leito do rio por onde a energia psíquica flui, mas a água que preenche esse rio é a vida individual. Portanto, não herdamos a imagem do sol ou do vento, mas uma predisposição inata para produzir mitos solares e associá-los a forças geradoras, uma tendência que se manifestou tanto no culto antigo quanto no delírio do paciente moderno.

Essa camada profunda da psique constitui, assim, o solo comum da humanidade. É ela que explica por que encontramos motivos mitológicos idênticos em culturas que nunca tiveram contato entre si. O mito do dilúvio, o nascimento do herói virgem, a descida ao submundo, a luta contra o dragão; esses não são apenas contos culturais difundidos por migração, mas expressões espontâneas da estrutura psíquica humana. Quando sonhamos, muitas vezes mergulhamos nesse reservatório. Enquanto os sonhos iniciais da noite tendem a processar resíduos do dia anterior (inconsciente pessoal), os sonhos da madrugada, ou aqueles que ocorrem em momentos de crise existencial profunda, frequentemente trazem imagens grandiosas, estranhas e numinosas, que parecem vir de outro mundo. São mensagens do inconsciente coletivo.

A influência dessa instância sobre a consciência é imensa. O inconsciente coletivo é a fonte das grandes paixões, das inspirações artísticas, das conversões religiosas e, infelizmente, das psicoses coletivas e fanatismos de massa. Quando o ego é inundado por energias provenientes dessa camada, o indivíduo sente-se tomado por uma força que o transcende. Isso pode resultar na criação de uma obra de arte sublime, que fala à alma de milhões de pessoas justamente por tocar em um tema universal, ou pode resultar em uma inflação psíquica, onde o indivíduo acredita ser um profeta, um messias ou um gênio incompreendido, confundindo sua pequena personalidade com a grandiosidade das imagens coletivas.

Para Jung, a saúde mental e o desenvolvimento pleno — a individuação — dependem de uma relação correta com o inconsciente coletivo. Não podemos ignorá-lo, pois isso nos tornaria desenraizados, vivendo uma vida superficial e puramente racional, cortada das fontes vitais do instinto e do significado simbólico. Por outro lado, não podemos nos deixar engolfar por ele, sob o risco de dissolução da consciência e loucura. O objetivo é estabelecer um diálogo. A consciência deve lançar suas raízes nessa terra escura e antiga para se nutrir, mas deve manter sua luz acesa para diferenciar e integrar o que emerge de lá.

Ao reconhecer a existência do inconsciente coletivo, Jung expandiu as fronteiras da psicologia para além do consultório médico. A psicologia tornou-se uma ferramenta para compreender a história, a arte, a religião e os fenômenos sociais. Percebemos que não estamos isolados em nossas pequenas neuroses; nossos medos, anseios e esperanças mais profundos participam de uma história humana que se estende por milênios. Somos, em nossa psique profunda, contemporâneos do homem das cavernas e dos construtores de catedrais.

Mas se o inconsciente coletivo é essa estrutura vasta e formal, quais são os seus órgãos? De que elementos específicos ele é composto? Assim como o corpo tem coração, fígado e pulmões, o inconsciente coletivo possui estruturas funcionais que organizam a experiência humana em padrões típicos. A esses centros de energia e significado, que funcionam como os nós da rede invisível do inconsciente coletivo, Jung deu o nome de arquétipos. Compreender o que são os arquétipos e como eles moldam nossa percepção do mundo é o passo seguinte e necessário para desvendar o mistério da alma humana segundo a Psicologia Analítica.

Capítulo 3: Arquétipos e Inconsciente Coletivo

Tendo estabelecido a existência de um substrato universal da psique, compartilhado por toda a humanidade e denominado inconsciente coletivo, resta-nos investigar a natureza dos elementos que compõem essa estrutura profunda. Como vimos anteriormente, Jung não concebia o inconsciente coletivo como uma massa amorfa ou difusa, mas como um sistema organizado, dotado de centros funcionais que ordenam a experiência humana. A esses centros, verdadeiros nós de energia psíquica e significado, Jung atribuiu o nome de arquétipos.

O termo arquétipo não foi uma invenção de Jung. Ele o tomou emprestado da filosofia clássica e da teologia antiga. Etimologicamente, a palavra deriva do grego archetypon, onde arche significa princípio, origem ou chefia, e typos significa marca, impressão ou modelo. Portanto, um arquétipo é um modelo original, um padrão primitivo a partir do qual outras coisas são moldadas. Na tradição platônica, falava-se das Ideias como formas puras e eternas; Santo Agostinho, a quem Jung frequentemente citava, referia-se às ideia principales que residiam na mente divina. No entanto, é crucial compreender que, ao adotar esse termo, Jung o despiu de sua conotação metafísica e estática para lhe conferir um caráter empírico, biológico e dinâmico.

Para a Psicologia Analítica, o arquétipo não é uma ideia herdada pronta, como uma fotografia guardada no cérebro desde o nascimento. Este é, talvez, o mal-entendido mais persistente sobre a teoria junguiana. Jung insistia incansavelmente na distinção entre o arquétipo em si e a imagem arquetípica. O arquétipo em si é irrepresentável, invisível e situa-se em uma zona obscura da psique que Jung chamava de psicóide, uma fronteira onde o psicológico se funde com o biológico e o material. Ele é pura forma, desprovido de conteúdo concreto. O que percebemos, sentimos e vemos em sonhos ou na arte são as imagens arquetípicas, ou seja, as manifestações desse modelo preexistente quando preenchido pela experiência pessoal e cultural.

Para ilustrar essa distinção vital, retomemos a analogia da estrutura axial do cristal, mencionada brevemente no capítulo anterior. O sistema axial determina a forma geométrica que o cristal assumirá, mas não possui existência material própria até que a solução química se solidifique. Da mesma forma, o arquétipo é como o leito seco de um rio. A forma do leito (o arquétipo) determina o caminho que a água (a energia psíquica) percorrerá, mas é a água da vida concreta que torna o rio visível. O arquétipo é uma possibilidade de representação, uma disposição inata para produzir imagens paralelas e universais.

A importância dos arquétipos reside no fato de que eles são os organizadores fundamentais de toda a experiência humana típica. Eles funcionam como órgãos da psique. Assim como o corpo possui órgãos físicos como o coração e o fígado, que desempenham funções específicas para a manutenção da vida biológica, a mente possui arquétipos que regulam a adaptação psicológica. Eles são os instintos da imaginação. De fato, Jung chegou a definir o arquétipo como a auto-representação do instinto. Se o instinto é a compulsão biológica para executar uma ação complexa sem aprendizado prévio (como a construção do ninho pelo pássaro), o arquétipo é a imagem ou o significado que acompanha esse impulso. O instinto é o lado fisiológico da ação; o arquétipo é o seu lado psicológico e significativo.

Isso significa que, sempre que nos deparamos com situações humanas universais e recorrentes — o nascimento, a morte, o casamento, a separação dos pais, o conflito com o mal, a busca por sentido —, não estamos reagindo apenas com nossa pequena personalidade individual. Estamos entrando em um roteiro antigo, ativando um padrão de comportamento e sentimento que foi trilhado por incontáveis gerações antes de nós. Quando uma mãe segura seu filho recém-nascido, ela não é apenas a senhora X segurando o bebê Y; ela é, naquele momento, tomada pelo arquétipo da Grande Mãe. A emoção avassaladora, o senso de sacralidade e a postura protetora que ela sente não são invenções suas, mas energias liberadas pela constelação desse arquétipo.

Aqui tocamos em uma característica essencial dos arquétipos: a sua numinosidade. O termo numinoso, cunhado pelo teólogo Rudolf Otto, refere-se à presença de um poder divino ou transracional que provoca um misto de terror, fascínio e reverência. Os arquétipos possuem uma carga energética superior à da vontade consciente. Quando um arquétipo é ativado ou constelado em uma situação de vida, o indivíduo sente-se possuído por uma força que o transcende. É essa carga energética que torna os arquétipos tão poderosos e, por vezes, perigosos. Eles não são pensamentos passivos que podemos manipular intelectualmente; são agentes autônomos que podem dominar o ego. É por isso que Jung dizia que não são as pessoas que têm ideias, mas as ideias (arquétipos) que têm as pessoas.

A função dos arquétipos na economia psíquica é dupla: conservadora e transformadora. Por um lado, eles garantem a continuidade da espécie humana, assegurando que reagiremos às situações vitais de maneira humana e não de outra forma qualquer. Eles nos mantêm ligados às nossas raízes ancestrais. Por outro lado, eles são os motores da transformação e do desenvolvimento. Em momentos de crise, quando o ego esgota seus recursos conscientes e não sabe como prosseguir, o inconsciente coletivo frequentemente responde ativando um arquétipo.

Um exemplo claro disso é o arquétipo do Herói. Em todas as mitologias, o herói é aquele que enfrenta o monstro da escuridão para trazer um tesouro ou uma cura para sua comunidade. Psicologicamente, esse padrão é ativado quando o indivíduo enfrenta uma regressão ou uma depressão profunda. A imagem do herói surge nos sonhos ou na fantasia como uma indicação de que a libido (energia psíquica) precisa lutar contra a inércia do inconsciente e conquistar uma nova consciência. O mito do herói não é apenas uma história antiga para entreter crianças; é um mapa psicológico de superação que reside latente em cada um de nós, pronto para ser usado.

A negação dos arquétipos na sociedade moderna, racionalista e secular, não os fez desaparecer. Segundo a lei da conservação de energia aplicada à psique, a energia de um arquétipo reprimido não se extingue; ela regride para o inconsciente e torna-se arcaica e destrutiva. Os deuses da antiguidade tornaram-se as doenças e as neuroses do homem moderno. O que antes era vivido através de rituais coletivos e mitos sagrados, que continham e canalizavam essa energia formidável, hoje irrompe como compulsões, vícios, fanatismos políticos ou adoração cega a celebridades. A necessidade humana de venerar, de temer e de se entregar a algo maior (o arquétipo do Self ou de Deus) permanece intacta, mas, sem canais adequados, projeta-se em objetos indignos ou perigosos.

Portanto, o estudo dos arquétipos não é um exercício de erudição sobre mitologia comparada, mas uma necessidade clínica e existencial. Reconhecer a presença dessas forças em nossa vida nos permite, em primeiro lugar, uma certa humildade: percebemos que não somos os únicos autores de nossos destinos e que somos movidos por correntes profundas. Em segundo lugar, oferece uma ferramenta de cura. Ao identificar que um determinado sofrimento ou conflito pertence a um padrão arquetípico, o indivíduo deixa de se sentir isolado em sua dor pessoal. Ele percebe que seu drama é o drama humano. Essa objetivação traz alívio e, frequentemente, aponta para a solução típica que a humanidade encontrou para aquele problema ao longo dos milênios.

Embora o número de arquétipos seja, em tese, tão vasto quanto as situações típicas da vida, alguns se destacam pela sua frequência e importância na estruturação da personalidade. Jung dedicou grande parte de sua obra a mapear figuras como a Sombra, a Persona, a Anima e o Animus, o Velho Sábio e o Self. Estas não são meras figuras de linguagem, mas potências vivas que encontramos em nossos sonhos, em nossos relacionamentos e nos espelhos de nossa própria alma.

Contudo, antes de nos determos na análise específica dessas figuras centrais, é preciso compreender como os arquétipos se comunicam com a consciência. Sendo irrepresentáveis em si mesmos, como eles conseguem transmitir sua mensagem ao ego? A resposta reside na linguagem natural da alma, uma linguagem que precede a palavra e a lógica racional: o símbolo. É através da função simbólica que o abismo entre o instinto biológico e a consciência espiritual é transposto, permitindo que a energia bruta do arquétipo seja convertida em significado cultural e pessoal.

Se o arquétipo em si é, como estabelecemos, uma estrutura irrepresentável e psicóide — um esqueleto invisível que habita as profundezas do inconsciente coletivo —, surge uma questão inevitável: como podemos sequer saber de sua existência, quanto mais interagir com ele? A resposta reside na capacidade da psique de produzir uma linguagem intermediária, uma ponte capaz de conectar o mundo instintivo e sombrio das profundezas com a clareza racional da consciência. Essa linguagem é o simbolismo, e a ferramenta de mediação é o que Jung denominou de função simbólica.

Para compreender a magnitude deste conceito na Psicologia Analítica, é imperativo, antes de tudo, desfazer a confusão semântica habitual entre signo e símbolo. No uso cotidiano, e mesmo em certas vertentes da psicologia e da linguística, os termos são frequentemente utilizados como sinônimos. Para Jung, no entanto, a distinção entre eles é rigorosa e fundamental. Um signo é algo que aponta para um objeto ou conceito conhecido. Quando vemos uma placa de trânsito com uma linha vermelha cruzando um círculo, sabemos que aquilo significa proibido. A imagem substitui uma ordem verbal clara e definida. Não há mistério no signo; ele é uma convenção, uma taquigrafia para algo que já compreendemos inteiramente.

O símbolo, por outro lado, possui uma natureza completamente diversa. Segundo a definição clássica de Jung, um símbolo é a melhor expressão possível para algo desconhecido ou que ainda não pode ser perfeitamente conceituado. O símbolo não esconde uma verdade conhecida; ele tenta revelar, tateando na penumbra, uma realidade que a razão ainda não consegue abarcar. Quando um paciente sonha com uma chave dourada, se interpretarmos isso apenas como um disfarce para o desejo sexual ou como uma memória de infância, estamos reduzindo o símbolo a um signo (ou sintoma). Mas, se encararmos a imagem como um símbolo genuíno, devemos perguntar: que porta desconhecida essa chave tenta abrir? Que aspecto inefável da transformação psíquica essa imagem está tentando comunicar, para o qual não existem palavras adequadas no dicionário do ego?

É aqui que a função simbólica dos arquétipos se manifesta. O arquétipo, sendo pura energia e forma sem conteúdo, precisa revestir-se de material proveniente da consciência e da memória pessoal para se tornar visível. Ele age como um campo magnético que atrai imagens do mundo do indivíduo para se expressar. O arquétipo funciona como o projetor de cinema; a luz e o filme são invisíveis para a plateia, mas a imagem projetada na tela é nítida e carregada de emoção. Essa imagem projetada é o símbolo.

Essa operação de tradução do invisível para o visível cumpre um papel vital na economia da libido, a energia psíquica. Jung via os símbolos não como enfeites da mente, mas como transformadores de energia. Na natureza, a energia flui indiscriminadamente, buscando satisfação imediata, como a água correndo morro abaixo. Os instintos humanos, deixados à solta, seriam pura compulsão biológica: fome, sexo, agressão. O símbolo age como uma represa ou um canal que desvia essa energia bruta e a converte em trabalho cultural e espiritual.

Consideremos, por exemplo, o arquétipo do Pai. Em sua raiz instintiva, ele pode estar ligado à proteção do bando e à imposição da autoridade pela força. Contudo, ao longo da história humana, esse impulso bruto foi revestido por símbolos cada vez mais sofisticados: o totem ancestral, o rei como representante divino, o imperador, o papa e, finalmente, a imagem teológica de Deus Pai. Cada um desses símbolos captura a energia original do arquétipo e a canaliza para formas de organização social, ética e religiosa. Sem o símbolo, a energia permaneceria presa na biologia crua; com o símbolo, ela constrói civilizações e catedrais.

Por essa razão, Jung afirmava que o homem moderno, ao perder a capacidade de produzir e vivenciar símbolos sagrados, sofre de uma espécie de desnutrição espiritual. Quando reduzimos o mundo apenas a fatos racionais e estatísticos, privamos a psique da ferramenta necessária para processar as energias do inconsciente. O resultado não é o desaparecimento dos instintos, mas o seu retorno em formas arcaicas e destrutivas, uma vez que não há mais canais simbólicos para mediá-los.

A função simbólica atua também como um agente de cura e equilíbrio, operando aquilo que Jung chamou de função transcendente. Este termo não se refere a algo místico ou sobrenatural, mas à capacidade matemática e geométrica de transpor um abismo. Quando a consciência (tese) está em conflito irreconciliável com o inconsciente (antítese) — por exemplo, quando o dever moral do ego colide com um desejo instintivo proibido —, a tensão pode tornar-se insuportável, levando à neurose. A lógica racional muitas vezes não consegue resolver esse impasse, pois ela opera por exclusão: ou isto ou aquilo.

O inconsciente, contudo, responde a esse impasse produzindo um símbolo unificador. Surge em um sonho ou fantasia uma imagem que contém elementos de ambos os lados, criando uma terceira via (síntese) que a lógica não poderia prever. Um dragão que fala, uma flor que nasce na pedra, uma criança divina. Esse símbolo vivo fascina a consciência e oferece uma nova perspectiva que permite ao indivíduo avançar. O símbolo não resolve o problema logicamente; ele o transcende, elevando o sonhador a um novo patamar de compreensão onde o conflito anterior perde sua virulência paralisante.

É crucial notar que um símbolo só é vivo enquanto estiver prenhe de significado. Ele deve evocar uma ressonância emocional, uma vibração que o intelecto não consegue explicar totalmente. No momento em que um símbolo é completamente dissecado, explicado e catalogado pela razão, ele morre. Torna-se um mero signo, uma relíquia histórica ou uma convenção social sem poder numinoso. É o que acontece com dogmas religiosos que, quando perdem sua conexão com a experiência viva do mistério, tornam-se cascas vazias que não mais transformam a personalidade dos fiéis.

A vitalidade do símbolo depende, portanto, da colaboração entre o inconsciente coletivo, que fornece a matriz arquetípica, e a consciência individual, que fornece o material imagético e a atenção necessária. Um exemplo claro disso pode ser encontrado na arte. O grande artista é aquele que, intencionalmente ou não, toca em um arquétipo do inconsciente coletivo. Ao dar forma a essa experiência através de cores, sons ou palavras, ele cria um símbolo que fala não apenas de sua dor pessoal, mas da dor de todos. Quando contemplamos uma grande obra de arte e nos sentimos inexplicavelmente movidos, é porque o símbolo ali presente ativou um arquétipo correspondente em nós. O símbolo é a chave que gira na fechadura de nossa própria estrutura psíquica herdada.

Dessa forma, a função simbólica é o mecanismo respiratório da psique. É através dela que o ego inspira sentido e expira cultura. Sem essa troca constante, o ego sufocaria em seu próprio isolamento racional ou seria afogado pelas águas caóticas do instinto. O símbolo é o barco que permite a navegação segura entre esses dois perigos. Ele humaniza o instinto e dá corpo ao espírito.

Ao compreendermos que os arquétipos se comunicam conosco através desta linguagem pictórica e carregada de afeto, torna-se evidente que a análise dos sonhos e da imaginação ativa — técnicas centrais na terapia junguiana — não são meros exercícios de decifração intelectual. São tentativas de restabelecer o fluxo de comunicação interrompido entre a ilha do ego e o continente do inconsciente. O objetivo não é traduzir o símbolo em uma frase racional seca, matando-o no processo, mas sim absorver sua energia transformadora, permitindo que ele amplie a consciência.

Essa compreensão nos leva naturalmente a expandir nosso horizonte. Se os símbolos são as unidades básicas dessa linguagem, as narrativas que os encadeiam em dramas complexos e universais são os mitos. O mito não é, sob a ótica da Psicologia Analítica, uma mentira antiga ou uma explicação pré-científica do mundo, mas a projeção coletiva da anatomia da psique humana. É no estudo dos mitos e da cultura que veremos os arquétipos atuando não mais apenas na intimidade do consultório, mas no grande palco da história humana.

Se o símbolo é a palavra isolada do vocabulário do inconsciente, o mito é a frase completa, o parágrafo articulado, a narrativa épica. Ao expandirmos o foco da imagem individual para as grandes histórias que a humanidade tem contado a si mesma desde o alvorecer da consciência, deparamo-nos com a manifestação mais grandiosa dos arquétipos: a mitologia. Para a mentalidade racionalista moderna, o termo mito tornou-se sinônimo de falsidade ou invenção pré-científica. Dizemos que algo é um mito quando queremos dizer que não é real. Na Psicologia Analítica, no entanto, essa compreensão é radicalmente invertida. O mito não é uma mentira sobre a realidade externa; é uma verdade psicológica sobre a realidade interna, projetada para fora.

Jung propôs que os mitos são, em essência, revelações involuntárias da anatomia da psique humana. Eles não foram inventados por um autor criativo em um momento de inspiração literária, da mesma forma que ninguém inventa a estrutura do próprio fígado ou o ritmo cardíaco. Os mitos aconteceram à humanidade. Eles brotaram da psique coletiva como plantas brotam do solo, expressando em linguagem dramática e pictórica os processos fundamentais da vida: o nascimento, o amadurecimento, o conflito, a morte e a renovação. Se os sonhos são mitos privados, sonhados por um único indivíduo para processar sua vida particular, os mitos são sonhos coletivos, sonhados por nações inteiras e culturas seculares para dar sentido à experiência humana compartilhada.

Essa perspectiva oferece uma chave explicativa para um fenômeno que intriga antropólogos e historiadores há séculos: a impressionante similaridade entre os temas mitológicos de povos que nunca tiveram contato entre si. Como explicar que civilizações separadas por oceanos e milênios — como os maias na América Central, os egípcios na África e os hindus na Ásia — possuam narrativas estruturalmente idênticas sobre o nascimento de um herói divino, a morte e ressurreição de um deus, ou o dilúvio universal? A teoria da migração cultural explica alguns casos, mas não todos. Para Jung, a resposta reside na identidade da estrutura cerebral e psíquica. Sendo os arquétipos universais, a imaginação humana, quando confrontada com os grandes mistérios da existência, tende a produzir respostas simbólicas semelhantes, variando apenas o figurino cultural e a linguagem local.

Um exemplo clássico dessa experiência humana recorrente é o mito do herói. Independentemente de se chamar Hércules, Siegfried, Gilgamesh ou, em roupagens modernas, Luke Skywalker, a estrutura da narrativa permanece inalterada. Há um chamado à aventura, uma separação do mundo familiar, uma descida a uma região de perigo sobrenatural (o ventre da baleia, o submundo, a floresta escura), uma batalha contra um monstro guardião e o retorno com um tesouro ou elixir que restaura a vida da comunidade. Para Jung, essa história não é sobre um homem lutando contra um dragão físico; é uma dramatização do desenvolvimento da consciência humana.

O herói simboliza o ego em formação e fortalecimento. O monstro ou o dragão representa a inércia do inconsciente, a força regressiva que ameaça engolir a consciência de volta à escuridão e à dependência infantil (frequentemente simbolizada pela Mãe Terrível). A batalha é a luta diária de cada ser humano para superar a preguiça, o medo e a inconsciência, a fim de conquistar sua própria autonomia e individualidade (o tesouro). Assim, quando ouvimos uma história de herói e sentimos nosso coração acelerar, é porque o mito ressoa com a nossa própria luta interna. O mito nos diz: veja, esta dor que você sente ao crescer e assumir responsabilidades não é um acidente sem sentido; é uma etapa necessária da jornada humana, trilhada por todos antes de você.

A função cultural dos mitos e dos ritos religiosos que deles derivam é, portanto, vital para a saúde psíquica da coletividade. Eles atuam como recipientes seguros para a energia numinosa dos arquétipos. Ao participar de um ritual coletivo ou ao viver dentro de um horizonte mitológico, o indivíduo não precisa carregar sozinho o peso do infinito. A Igreja, a Tribo ou a Tradição oferecem canais estabelecidos por onde a libido pode fluir de forma construtiva. Um rito de passagem para a puberdade, por exemplo, canaliza a turbulência hormonal e emocional do adolescente, transformando a angústia bruta em identidade social. O mito diz ao jovem: ontem você era criança, hoje você morre como criança e renasce como adulto.

A tragédia do homem moderno, diagnosticada por Jung com precisão cirúrgica, é a perda desses continentes sagrados. O avanço do racionalismo científico e a secularização do mundo, embora tenham trazido inegáveis benefícios tecnológicos e intelectuais, destruíram os mitos que protegiam a psique humana. Como Jung observou, os deuses se tornaram doenças. Quando destruímos os símbolos externos, a energia psíquica que antes fluía para eles não desaparece; ela recua para o inconsciente e, não encontrando canal de expressão cultural, inunda o ego.

Sem uma mitologia viva que dê sentido ao sofrimento e ordene o cosmos interior, o indivíduo moderno encontra-se vulnerável a epidemias psíquicas. Vemos, então, o surgimento de substitutos mitológicos degradados: o culto fanático ao Estado, a obsessão pelo consumo, a idolatria de celebridades ou a adesão a ideologias políticas totalitárias que prometem um paraíso na terra. Esses fenômenos de massa possuem todas as características de uma religião primitiva —

fervor, dogmatismo, rituais de exclusão —, mas sem a profundidade espiritual e a sabedoria acumulada dos mitos antigos. São erupções descontroladas do inconsciente coletivo.

A compreensão da relação entre mitos, cultura e experiência humana recorrente não é, portanto, um convite para um retorno nostálgico ao passado. Não podemos simplesmente fingir que acreditamos nos deuses do Olimpo ou viver como medievais. A consciência evoluiu e exige verdades que satisfaçam também a razão. O desafio contemporâneo, segundo a Psicologia Analítica, é reencontrar o sentido do mito dentro da experiência individual. Se a catedral externa está vazia, o indivíduo deve aprender a construir um templo interior. Devemos aprender a reconhecer os padrões arquetípicos operando em nossa própria biografia.

Isso significa perceber que nossos dramas pessoais — o divórcio doloroso, a crise de meia-idade, a perda de um ente querido, o conflito com a autoridade — não são eventos aleatórios e isolados. São reencenações modernas de temas eternos. Estamos, a todo momento, vivendo um mito, muitas vezes sem saber qual é. Jung perguntava frequentemente aos seus pacientes: qual é o mito que você está vivendo? Descobrir a resposta a essa pergunta é libertador. Permite-nos sair da identificação cega com o papel e observar a nossa vida com a dignidade de quem participa de uma grande peça humana, conferindo significado onde antes havia apenas sofrimento cego.

Assim, o inconsciente coletivo e seus arquétipos formam o pano de fundo imutável sobre o qual a vida individual se desenrola. Eles fornecem o roteiro geral, a estrutura do drama. No entanto, a peça não é encenada apenas por forças universais. Existe um ator principal, o Ego, que precisa navegar entre essas potências colossais e as exigências do dia a dia. E, mais importante, existe uma sombra que esse ator projeta e uma máscara que ele usa para se apresentar ao público.

Se os capítulos anteriores mapearam o vasto oceano do inconsciente coletivo e suas ilhas arquetípicas, é hora de voltarmos o olhar para as estruturas mais próximas da superfície, aquelas que definem diretamente nossa identidade social e nossos conflitos morais mais imediatos. Para avançar no processo de autoconhecimento, precisamos agora confrontar aquilo que está logo atrás de nós, escondido na penumbra da nossa própria personalidade. É o momento de investigar a Sombra e a Persona.

Capítulo 4: A Sombra, a Persona e o Conflito Psíquico

Ao voltarmos nossa atenção para a dinâmica interna da personalidade, deixamos momentaneamente as vastidões oceânicas do inconsciente coletivo para examinar um território mais próximo, íntimo e, frequentemente, doloroso. Se os arquétipos são os órgãos da alma humana em geral, a Sombra é o contrapeso específico da nossa identidade consciente. Para compreender a formação e a natureza dessa instância psíquica, devemos retomar a metáfora da luz. Onde quer que haja uma luz forte, haverá inevitavelmente uma sombra densa e definida. Na psicologia junguiana, o desenvolvimento do ego corresponde a esse acender da luz. Quanto mais brilhante, focado e diferenciado torna-se o ego, mais escura e nítida torna-se a sombra que ele projeta.

A Sombra não é, primordialmente, uma aberração ou uma doença, mas um subproduto inevitável da formação da personalidade. Nenhuma criança nasce com uma sombra acabada; ela nasce como uma totalidade indiferenciada, onde impulsos, instintos, bondade e agressividade coexistem em um estado de fluxo natural. No entanto, à medida que a criança cresce, ela inicia o árduo processo de adaptação ao mundo. A família, a escola, a religião e a cultura impõem, desde os primeiros anos, um código de conduta necessário. Diz-se à criança: você deve ser educado, não pode bater no seu irmão, deve controlar seus esfíncteres, não deve ser ganancioso, deve estudar e ser limpo.

O ego em formação, movido pela necessidade biológica de sobrevivência e pelo desejo de amor e aprovação, começa a realizar uma triagem constante. Ele seleciona as qualidades que são aceitas e reforçadas pelo ambiente e as integra à sua identidade consciente. Mas o que acontece com as qualidades rejeitadas? O que acontece com a agressividade natural, com a sexualidade precoce, com o egoísmo, com a preguiça ou com a inveja? A psique, como vimos nos capítulos anteriores, é um sistema fechado de energia; nada desaparece simplesmente. As características rejeitadas pelo ego são despachadas para o inconsciente, onde se aglutinam para formar uma personalidade oculta e paralela. Esta é a Sombra.

Jung definiu a Sombra como a soma de todas as disposições pessoais e coletivas que não são vividas devido à sua incompatibilidade com a forma de vida escolhida conscientemente. Ela é, em essência, o irmão escuro que nos acompanha, o lado inferior da personalidade. O termo inferior aqui não deve ser confundido necessariamente com maligno. Inferior, na acepção psicológica, significa primitivo, não adaptado, desajeitado e arcaico. A Sombra contém, sim, nossos impulsos moralmente repreensíveis — a vontade de ferir, de trair, de dominar —, mas contém também qualidades vitais que foram descartadas por não se encaixarem na autoimagem polida do indivíduo.

Por exemplo, um homem criado em um ambiente familiar rigidamente estoico e intelectual, onde demonstrar emoção era visto como sinal de fraqueza, reprimirá sua sensibilidade e ternura. Para ele, chorar ou comover-se é algo inaceitável. Nesse caso, a ternura e a capacidade de conexão emocional tornam-se parte de sua Sombra. Embora sejam qualidades humanas positivas, para aquele ego específico elas representam uma ameaça à sua integridade e controle. Assim, a Sombra não é apenas um depósito de lixo moral; é também um museu de potenciais não vividos, abrigando frequentemente a espontaneidade, a criatividade e o instinto vital que a consciência civilizada sufocou.

O processo de repressão que mantém a Sombra afastada da consciência exige um dispêndio contínuo de energia psíquica. Podemos imaginar a Sombra como uma bola inflável que tentamos manter submersa na água. Enquanto a pressionamos para baixo, a superfície da água (a consciência) parece calma e controlada. Mas o esforço muscular para manter a bola submersa é constante e exaustivo. É por isso que indivíduos com uma persona muito rígida e virtuosa frequentemente parecem tensos, cansados ou desvitalizados; grande parte de sua libido está sendo consumida na tarefa ingrata de vigiar a porta do porão, garantindo que o irmão indesejado não suba as escadas.

A Sombra, contudo, não é uma entidade passiva. Como todos os complexos autônomos do inconsciente, ela possui vontade e energia próprias. Ela cresce na escuridão. Quanto mais a atitude consciente se torna unilateral e artificial, mais a Sombra se adensa e se torna antagônica. Jung alertava que a Sombra é tanto mais destrutiva quanto mais for ignorada. Quando o indivíduo acredita ser apenas bom, racional e gentil, ele perde a capacidade de reconhecer sua própria capacidade para o mal e para o erro. Isso cria uma situação perigosa de fragilidade psíquica.

Em momentos de fadiga, estresse, intoxicação alcoólica ou forte pressão emocional, a vigilância do ego diminui e a Sombra irrompe. É o fenômeno que observamos quando alguém conhecido por sua calma e gentileza explode repentinamente em um acesso de fúria desproporcional, ou quando uma pessoa puritana se envolve em um escândalo sexual. Nessas situações, não é que a pessoa tenha mudado; é que a bola submersa saltou para fora da água com a força acumulada de anos de repressão. O indivíduo é literalmente possuído pela sua Sombra, agindo de uma forma que contradiz frontalmente seus valores conscientes. Após o episódio, é comum ouvir a frase: eu não estava em mim. De fato, o eu (ego) foi temporariamente deslocado pelo outro (Sombra).

É fundamental distinguir, neste ponto, a Sombra pessoal da Sombra arquetípica. O que descrevemos até agora refere-se majoritariamente à Sombra pessoal, composta pelos conteúdos da biografia do indivíduo. No entanto, se escavarmos mais fundo, a Sombra pessoal funde-se com a Sombra coletiva, que representa o problema do mal em sua dimensão universal. A agressividade humana, por exemplo, não é apenas um problema de má educação infantil; ela tem raízes no predador biológico que reside no cérebro reptiliano de nossa espécie. Confrontar a Sombra pessoal leva, inevitavelmente, ao confronto com a realidade da maldade humana em geral.

A relação do homem moderno com sua Sombra é marcada por uma profunda hipocrisia e medo. Preferimos acreditar que somos unicamente aquilo que aparentamos ser. No entanto, essa negação tem um preço alto: a perda da tridimensionalidade. Um ser humano sem Sombra é estatisticamente improvável e psicologicamente superficial. Ele se torna uma caricatura bidimensional de virtude, sem peso, sem substância e sem raízes. Jung costumava dizer que preferia ser um homem inteiro a ser um homem bom. A totalidade exige a inclusão do escuro. Uma árvore cujos galhos tocam o céu deve ter raízes que tocam o inferno.

Aceitar a realidade da Sombra não significa ceder aos seus impulsos destrutivos ou atuar criminalmente. Pelo contrário, significa trazer esses impulsos à luz da consciência para que possam ser confrontados, compreendidos e transformados. Enquanto a inveja permanece inconsciente, ela atua nos bastidores, fazendo com que eu sabote sutilmente o sucesso do meu colega ou faça comentários sarcásticos sem perceber. No momento em que admito para mim mesmo eu sou invejoso, o impulso perde sua autonomia cega. O ego retoma o leme. Posso então escolher eticamente como lidar com esse sentimento, talvez transformando-o em emulação competitiva saudável ou simplesmente reconhecendo minha própria insegurança.

A Sombra é, portanto, o desafio moral fundamental da vida psicológica. Ela é o porteiro que guarda o caminho para as camadas mais profundas do inconsciente. Não se pode chegar ao Self (o centro divino da psique) ou à Anima/Animus sem antes passar pela humilhação de reconhecer a própria Sombra. É uma experiência de mortificação do ego, pois nos obriga a admitir que não somos tão nobres, altruístas e inteligentes quanto gostaríamos de pensar. Mas é apenas através dessa porta estreita que a verdadeira transformação pode ocorrer.

Se a Sombra é aquilo que escondemos, o que dizer daquilo que mostramos? Como o ego consegue manter sua fachada social e interagir com o mundo enquanto carrega esse fardo oculto nas costas? Para realizar essa mágica de prestidigitação social, a psique desenvolve uma estrutura especializada, uma pele externa brilhante e adaptada que protege a intimidade e facilita o convívio coletivo. Essa estrutura é a Persona, o par dialético da Sombra, e é para a sua análise que devemos agora nos voltar.

Se a Sombra constitui o lado oculto e rejeitado da personalidade, aquele que escondemos por vergonha ou incompatibilidade moral, a Persona é exatamente o oposto: é a face que decidimos mostrar ao mundo. Para equilibrar a tensão gerada pela repressão dos instintos e pela necessidade de convívio social, a psique desenvolve esta estrutura de adaptação que atua como uma interface entre o ego e a sociedade. Sem ela, o convívio humano seria caótico, imprevisível e insuportavelmente cru.

O termo escolhido por Jung para designar essa instância não poderia ser mais apropriado. Na antiguidade romana, persona referia-se à máscara utilizada pelos atores no teatro. Essa máscara tinha uma função dupla: indicava claramente ao público qual papel o ator estava desempenhando — um herói, um vilão, um deus ou um escravo — e possuía uma abertura projetada para amplificar a voz (do latim per sonare, soar através de). Psicologicamente, a Persona cumpre funções análogas. Ela é a máscara que vestimos para desempenhar nossos papéis sociais, profissionais e familiares, e é o veículo através do qual a nossa voz se faz ouvir no coletivo.

É fundamental compreender que a Persona não é, em sua essência, algo negativo ou patológico. Pelo contrário, ela é uma necessidade vital. Uma sociedade complexa exige um sistema de relações previsíveis e codificadas. Quando consultamos um médico, esperamos encontrar alguém que se comporte, vista e fale como um médico. Se ele nos recebesse contando seus problemas conjugais íntimos ou vestido de forma inadequada, sua competência técnica poderia ser a mesma, mas a confiança terapêutica seria quebrada. A Persona do médico — o jaleco, a postura clínica, a linguagem técnica — é uma ferramenta de trabalho e um lubrificante social que protege tanto o profissional quanto o paciente de uma intimidade desnecessária e perturbadora.

Jung definia a Persona como um complexo funcional que surge de um compromisso entre o indivíduo e a sociedade. De um lado, existem as exigências do meio: a sociedade espera que um juiz seja imparcial, que um pai seja responsável e que um soldado seja corajoso. Do outro lado, existe a necessidade do indivíduo de pertencer, de ser aceito e de ter sucesso. A Persona é o acordo firmado nessa negociação. Ela é, portanto, um segmento da psique coletiva. Quando agimos estritamente de acordo com a etiqueta ou o protocolo profissional, não estamos sendo individuais; estamos sendo coletivos, agindo como qualquer pessoa naquela posição deveria agir.

No entanto, a Persona possui uma característica enganosa: ela simula a individualidade. Muitas vezes, acreditamos que a nossa maneira polida de falar ou o nosso cargo profissional definem quem somos verdadeiramente. Mas, como Jung alertava, a Persona é apenas uma realidade secundária, um recorte artificial. Ela é aquilo que alguém não é de verdade, mas que ele e os outros acreditam que ele seja.

O perigo real na dinâmica da Persona não reside na sua existência, mas no fenômeno da identificação. O desenvolvimento saudável da personalidade exige que o ego seja capaz de vestir e retirar a máscara conforme a necessidade. O problema surge quando a máscara adere ao rosto. Quando o ego se identifica totalmente com a Persona, o indivíduo passa a acreditar que ele é o papel que desempenha. O professor que não consegue deixar de ensinar mesmo quando está conversando com amigos no bar, ou o executivo que trata a família como funcionários de sua empresa, são exemplos clássicos de identificação com a Persona.

Essa fusão entre o ego e a máscara social tem consequências psíquicas devastadoras. A primeira delas é o empobrecimento da personalidade. Como a Persona é construída para atender às expectativas coletivas, ela é inevitavelmente convencional e bidimensional. Quem se torna idêntico à sua Persona perde a profundidade, a espontaneidade e a capacidade de contato humano genuíno. Tornam-se pessoas de plástico, perfeitas por fora, mas ocas por dentro. A vitalidade psíquica retira-se, pois a energia que deveria alimentar a totalidade do ser é desviada exclusivamente para a manutenção da fachada.

Além disso, a identificação rígida com a Persona provoca uma reação violenta do inconsciente. Retomando o princípio da compensação e a dinâmica da Sombra discutida anteriormente, podemos estabelecer uma regra prática: quanto mais luminosa, rígida e perfeita for a Persona, mais escura, densa e destrutiva será a Sombra. A psique busca equilíbrio. Se, conscientemente, eu me esforço para ser o exemplo absoluto de altruísmo e santidade (uma Persona de santo), meu inconsciente produzirá uma compensação na forma de impulsos egoístas, cruéis ou perversos. É o mecanismo que explica o escândalo frequente de figuras públicas moralistas que são descobertas em situações de degradação moral privada. A natureza humana não tolera a falsificação por muito tempo; o que é expulso pela porta da frente da aparência volta pela janela dos fundos do instinto.

Um exemplo trágico dessa dinâmica pode ser observado em crises de meia-idade ou no momento da aposentadoria. Para um homem que passou quarenta anos acreditando ser o Diretor da Empresa, a aposentadoria não é apenas o fim de um ciclo de trabalho, mas uma aniquilação ontológica. Ao perder o cargo, o título e a rotina que sustentavam sua Persona, ele sente que deixou de existir. O vazio que se segue é avassalador, pois ele nunca cultivou uma personalidade interna que pudesse sustentar-se sem os andaimes do reconhecimento social.

A depressão que frequentemente acompanha essas transições é, na verdade, um luto pela morte da máscara.

A Persona também serve como uma barreira de proteção, uma pele psíquica. Pessoas com uma Persona muito frágil ou mal desenvolvida tendem a ser hipersensíveis, sentindo-se invadidas por qualquer interação social. Elas não possuem a casca necessária para navegar no mundo sem se ferirem. Por outro lado, uma Persona excessivamente espessa, como uma armadura medieval, protege o indivíduo, mas também o isola, impedindo que qualquer afeto genuíno entre ou saia. O objetivo do desenvolvimento junguiano não é destruir a Persona — o que levaria a uma regressão social ou a uma exposição perigosa —, mas torná-la permeável e flexível. Devemos ter várias máscaras à disposição e saber que não somos nenhuma delas.

A relação entre a Persona e a alma (no sentido junguiano de mundo interior) é de oposição complementar. Enquanto a Persona é a atitude externa, voltada para o objeto e para o mundo, a alma busca voltar-se para o sujeito e para o inconsciente. Quando nos voltamos excessivamente para fora, negligenciamos o dentro. O homem de sucesso mundano, perfeitamente adaptado e admirado, pode ser, do ponto de vista de sua alma, uma criança abandonada e faminta. O sofrimento neurótico surge frequentemente como um grito dessa alma negligenciada, exigindo que o indivíduo preste atenção ao que está por trás da fachada.

Portanto, a construção da Persona é um mal necessário e uma conquista cultural, mas sua manutenção exige um preço energético constante. O esforço para parecer inteligente, rico, bondoso ou competente consome uma quantidade imensa de libido. Quando essa energia se esgota, ou quando a vida desfere um golpe que quebra a máscara (um divórcio, uma demissão, uma doença), ocorre o colapso. Nesse momento, abre-se uma fissura na superfície polida da consciência. É através dessa fissura que os conteúdos reprimidos da

Sombra começam a vazar, gerando um estado de conflito interno agudo.

Esse colapso, embora doloroso, é frequentemente o início da cura e do verdadeiro amadurecimento. É o momento em que a ilusão de unidade do ego se desfaz, e o indivíduo é forçado a confrontar a dualidade de sua própria natureza. Ele descobre que não é apenas o cidadão respeitável que via no espelho (Persona), mas também o ser falho e instintivo que tentou esquecer (Sombra). O encontro entre essas duas instâncias, o anjo público e a besta privada, gera a tensão fundamental que impulsiona o processo de individuação. É sobre esse campo de batalha, onde a moralidade consciente colide com a verdade instintiva, que devemos agora debruçar nossa análise, investigando a natureza dos conflitos internos e as tensões morais que definem a condição humana.

O momento em que a máscara social se rompe e a sombra emerge da escuridão não inaugura apenas um período de desconforto, mas marca a entrada do indivíduo no terreno pantanoso, porém fértil, do conflito psíquico. Para a mentalidade contemporânea, obcecada pelo bem-estar, pela felicidade imediata e pela eficiência, a ideia de conflito é vista quase invariavelmente como uma falha, um erro de percurso ou uma patologia a ser medicada e eliminada o mais rápido possível. Na Psicologia Analítica, no entanto, essa perspectiva é radicalmente invertida. Para Carl Gustav Jung, o conflito não é um acidente, mas a condição sine qua non da vida psíquica.

Não há energia sem tensão entre opostos. Assim como na física a eletricidade depende da diferença de potencial entre um polo positivo e um polo negativo, a libido — a energia psíquica — só flui quando há uma polaridade ativa. Uma vida sem conflito interno, onde tudo é suave, decidido e sem contradições, é, psicologicamente falando, uma vida estagnada ou perigosamente infantil. Portanto, quando o ego se vê encurralado entre as exigências da adaptação externa (Persona) e as pressões dos instintos internos (Sombra), ele não está doente no sentido terminal da palavra; ele está, finalmente, vivo.

A natureza desse conflito interno é, em sua essência, uma guerra civil moral. De um lado, temos os valores conscientes, aquilo que aprendemos a considerar certo, belo e justo. Do outro, temos impulsos que, embora rejeitados pela nossa educação, carregam uma vitalidade inegável e uma verdade arcaica. O homem que sempre se orgulhou de sua honestidade irrepreensível (Persona) pode se ver, subitamente, fantasiando com fraudes ou sentindo uma admiração secreta pela astúcia do criminoso (Sombra). A mulher que dedicou a vida à castidade e à abnegação materna pode ser assaltada por desejos eróticos vorazes ou por um ódio súbito pelos filhos que tanto ama.

Nesse estágio, o indivíduo é lançado no que Jung chamava de suspensão entre os opostos. A lógica racional, que opera sob o princípio de que uma coisa não pode ser ela mesma e o seu contrário ao mesmo tempo, entra em colapso. O ego olha para a direita e vê uma verdade; olha para a esquerda e vê outra verdade oposta. A tensão gerada por esse impasse é excruciante. É o momento em que o chão desaparece sob os pés. O indivíduo sente-se paralisado, pois qualquer movimento em direção a um dos lados parece uma traição ao outro. Se ele ceder à Sombra, perderá sua autoimagem moral e sua posição social; se reprimir a Sombra novamente em nome da Persona, perderá sua vitalidade e cairá na neurose.

Aqui chegamos a uma das definições mais penetrantes de neurose na obra junguiana. Diferente de Freud, que via a neurose fundamentalmente como o retorno do reprimido sexual, Jung a compreendia como uma tentativa falha de auto cura, ou, em suas palavras célebres, o sofrimento de uma alma que não encontrou seu sentido. A neurose é o substituto do sofrimento legítimo. Quando o indivíduo se recusa a suportar a tensão do conflito moral consciente, a psique dissocia esse conflito. A tensão não desaparece, mas torna-se inconsciente e converte-se em sintoma: ansiedade, fobias, compulsões ou dores psicossomáticas. O sintoma é o conflito que foi expulso da porta da frente da consciência e voltou transformado em doença.

Portanto, a tarefa terapêutica e existencial diante do conflito não é resolvê-lo através de uma escolha racional rápida — o que seria apenas amputar um dos lados —, mas suportá-lo. Jung utilizava frequentemente a metáfora alquímica do vaso hermético. O ego deve tornar-se um recipiente forte o suficiente para conter as substâncias opostas e ferventes sem estourar. É preciso segurar a tensão. É necessário admitir: eu sou, ao mesmo tempo, este cidadão respeitável e esta besta instintiva.

Esse processo de suportar a tensão dos opostos gera um calor psíquico intenso. É um fogo que queima as identificações infantis e as certezas unilaterais. É doloroso porque exige a morte da antiga autoimagem idealizada. O indivíduo é forçado a descer do pedestal de sua própria virtude imaginária e aceitar sua humanidade completa, que inclui o erro, a falha e a maldade. No entanto, é precisamente esse calor, gerado pela fricção contínua entre a tese (Persona) e a antítese (Sombra), que permite a transformação da personalidade.

A dimensão moral desse enfrentamento é profunda. Jung fazia uma distinção crucial entre moralidade e ética. A moralidade é o código coletivo, a regra imposta de fora, o manual de instruções da Persona: não roubarás, não matarás, serás educado. A ética, por outro lado, é uma decisão individual que surge do confronto com a própria consciência. Seguir a moralidade é fácil, pois basta obedecer; agir eticamente é difícil, pois exige reflexão e responsabilidade. O conflito psíquico empurra o homem da moralidade para a ética. Ele descobre que as regras coletivas não dão conta da complexidade de sua situação particular. Ele é obrigado a criar uma nova lei para si mesmo, uma lei que contemple tanto o céu quanto a terra de sua natureza.

O perigo de não enfrentar esse conflito conscientemente é a projeção. Se o ego não consegue aceitar a presença do inimigo interior, ele inevitavelmente o projetará no mundo exterior. Aquele ódio que sinto e não admito torna-se o ódio que acredito que o outro sente por mim. A minha desonestidade reprimida faz com que eu veja ladrões em toda parte. Em escala coletiva, a recusa em lidar com a Sombra e com os conflitos internos é a semente das guerras, do racismo e da busca por bodes expiatórios. É muito mais fácil lutar contra o mal no vizinho, no partido político oposto ou na nação estrangeira do que lutar contra o mal que habita o próprio coração. Como Jung alertou, o que não enfrentamos internamente nos encontrará externamente como destino.

Assim, o conflito psíquico e as tensões morais não são obstáculos à vida, mas a própria matéria-prima da individuação. Eles nos retiram da letargia do hábito e nos forçam a acordar. A angústia que sentimos nesses momentos de crise é o sinal de que a psique está grávida de algo novo. A paralisia entre o sim e o não, entre o dever e o desejo, cria um vácuo que a consciência racional não pode preencher. A lógica diz: não há saída. E, de fato, não há saída lógica.

Mas a psique é mais antiga e mais vasta que a lógica. Quando a tensão atinge o seu clímax e o ego admite sua incapacidade de resolver o problema por meios conhecidos, a natureza instintiva vem em socorro. Do fundo do inconsciente, onde os opostos ainda estão unidos, emerge uma solução inesperada. Não é uma resposta racional, mas uma imagem, um símbolo vivo que contém elementos de ambos os lados e, ao mesmo tempo, transcende a contradição.

Essa capacidade da psique de criar uma terceira via onde parecia haver apenas um beco sem saída é o que Jung chamou de Função Transcendente. Ela é a ponte que permite a passagem do estado de conflito paralisante para um novo patamar de consciência. Mas para que essa ponte apareça, o conflito deve ser aceito e vivido em toda a sua intensidade dolorosa. O sofrimento, então, deixa de ser uma maldição estéril e torna-se um sofrimento com sentido, as dores do parto de uma personalidade mais ampla e integrada.

Com isso, tocamos no limiar do próximo grande tema da Psicologia Analítica. Se a estrutura da psique nos deu o mapa do território (Ego, Inconsciente Pessoal, Inconsciente Coletivo), e a dinâmica entre Persona e Sombra nos mostrou a batalha que ocorre nesse terreno, precisamos agora compreender qual é o objetivo final dessa guerra. Para onde aponta todo esse esforço da natureza humana? Qual é a finalidade teleológica que justifica o enfrentamento de tantos monstros internos? A resposta reside no conceito central e unificador da obra de Jung, o processo que dá título e substância à jornada da alma: a Individuação.

Capítulo 5: Individuação e Busca de Sentido

Chegamos agora ao coração pulsante da Psicologia Analítica. Se os capítulos anteriores serviram para desenhar o mapa do território psíquico — identificando suas ilhas, continentes e abismos —, e se a discussão sobre o conflito moral nos mostrou a dinâmica das batalhas que ali ocorrem, o conceito de individuação nos revela o propósito de toda essa geografia e de todo esse esforço. Jung não via a psique apenas como uma máquina reativa que responde a estímulos passados, mas como um sistema orientado para o futuro, movido por uma finalidade intrínseca. Para ele, a vida humana não é uma série de eventos aleatórios, mas a execução progressiva de um projeto interno. A esse processo de amadurecimento, diferenciação e integração da personalidade, ele deu o nome de individuação.

O termo individuação traduz a ideia de tornar-se um in-divíduo, ou seja, um ser indivisível, uma totalidade que não está mais fragmentada ou cindida internamente. Frequentemente, Jung descrevia esse processo como tornar-se aquilo que se é de verdade. Embora a frase possa soar, à primeira vista, como um clichê moderno de autoajuda, no contexto rigoroso de sua psicologia ela carrega um peso ontológico e biológico. Significa que cada ser humano nasce com uma semente de totalidade, um padrão potencial único, assim como um carvalho está contido inteiramente, como possibilidade, dentro de uma bolota. A individuação é o desenrolar temporal dessa semente, a tradução do potencial em realidade.

No entanto, é imperativo estabelecer logo de início uma distinção fundamental para evitar um dos erros mais comuns na interpretação do pensamento junguiano: individuação não é individualismo. O individualismo é uma ênfase na peculiaridade do ego, muitas vezes em detrimento do coletivo; é uma exacerbação da autoimportância e um isolamento narcísico. A individuação, ao contrário, embora exija um afastamento temporário das normas coletivas para que o sujeito se encontre, visa, em última instância, a uma conexão mais profunda e ética com a humanidade. Ao tornar-se verdadeiramente ele mesmo, o indivíduo deixa de ser uma cópia estéril das expectativas sociais (uma mera Persona) e pode oferecer ao mundo o seu valor único e insubstituível. Como Jung paradoxalmente afirmou, a individuação não isola; ela une, pois nos reconecta com o inconsciente coletivo que é o solo comum de todos nós.

Este processo, contudo, não ocorre de maneira linear ou uniforme. Jung observou que a vida humana segue um arco natural, comparável à trajetória do sol no céu, dividindo-se psicologicamente em duas grandes etapas: a primeira e a segunda metade da vida. Cada uma dessas fases possui tarefas, valores e perigos distintos, e a neurose surge frequentemente quando tentamos viver a tarde da vida com as leis da manhã.

A primeira metade da vida, que se estende do nascimento até aproximadamente a chamada meia-idade (historicamente por volta dos 35 ou 40 anos, embora hoje possa se estender mais), é a fase da expansão e da adaptação. A tarefa primordial do jovem adulto é a construção de um ego forte e a consolidação de uma Persona eficiente. É o momento de conquistar o seu lugar no mundo: obter educação, iniciar uma carreira, formar família, adquirir bens, estabelecer uma reputação e garantir a sobrevivência biológica e social.

Nesta fase, a energia psíquica flui naturalmente para fora, em direção aos objetos e às conquistas externas. Para ser bem-sucedido nessa tarefa, o indivíduo precisa necessariamente ser unilateral. Ele deve especializar sua função superior (seja ela pensamento, sentimento, intuição ou sensação) e reprimir tudo o que atrapalha sua eficiência. O jovem ambicioso precisa muitas vezes sacrificar sua sensibilidade, seu lazer e seus questionamentos filosóficos em prol da ação e do resultado. Essa unilateralidade é saudável e necessária na juventude; não se pode renunciar a um ego que ainda não foi construído, nem transcender um mundo no qual ainda não se conseguiu entrar. Portanto, na manhã da vida, a formação da Sombra é um subproduto inevitável e até útil da consolidação do ego.

Contudo, chega um momento, que Jung poeticamente chamava de o meio-dia da vida, em que a curva natural começa a mudar de direção. É a famosa crise da meia-idade. Frequentemente, ela se manifesta justamente quando o indivíduo alcançou tudo o que a sociedade lhe disse que era necessário para ser feliz. Ele tem a carreira, a família, a estabilidade, mas é subitamente assaltado por um sentimento de vazio, tédio ou falta de sentido. Perguntas inquietantes começam a surgir: É só isso? A vida se resume a pagar contas e manter as aparências até a morte?.

Para Jung, esse mal-estar não é uma doença, mas um chamado da alma. Significa que a fase de expansão biológica e social se esgotou e que a segunda metade da vida está exigindo o início de uma nova tarefa: a cultura e o sentido. As ferramentas que serviram perfeitamente durante a manhã — a ambição, a competição, a racionalidade estrita, a identificação com a Persona — tornam-se inadequadas e até prejudiciais para a tarde. O que era vital torna-se fútil. A energia, que antes fluía para fora, agora quer fluir para dentro. Começa a fase de contração e interiorização.

Se a primeira metade da vida é caracterizada pela luta do ego para se separar do inconsciente e dominar a realidade externa, a segunda metade é marcada pela necessidade do ego de se reconciliar com o inconsciente e encontrar a realidade interna. É o momento do retorno. Aquilo que foi reprimido e jogado na Sombra durante anos começa a bater à porta, exigindo integração. O homem excessivamente racional precisa desenvolver seu sentimento inferior; a mulher que viveu apenas para os outros precisa descobrir sua própria autoridade interna.

Este é um período crítico e perigoso. Muitos indivíduos recusam o chamado da individuação, apegando-se desesperadamente aos valores da juventude. Tentam prolongar a manhã artificialmente, seja através de cirurgias plásticas, de comportamentos adolescentes tardios ou de uma obsessão redobrada pelo trabalho e pelo poder. Tornam-se aquilo que Jung chamava de eternos jovens, pessoas psicologicamente estagnadas que envelhecem biologicamente, mas não amadurecem animicamente. A recusa em aceitar a transição para a segunda metade da vida transforma a sabedoria potencial em amargura e rigidez.

Para aqueles que aceitam o desafio, o processo de individuação exige uma coragem moral distinta daquela necessária para as batalhas externas. Trata-se da coragem de olhar para dentro. O processo envolve o confronto direto com as figuras que habitam o inconsciente, que discutimos nos capítulos anteriores: primeiro a Sombra, depois a Anima ou o Animus, e finalmente o Arquétipo do Self. Não é um caminho de ascensão linear em direção à perfeição, mas um movimento de circunvolução, ou circumambulatio, como Jung preferia dizer. A psique gira em espiral em torno de um centro misterioso, aproximando-se cada vez mais do núcleo da personalidade, integrando aspectos opostos a cada volta.

A meta da individuação não é a perfeição moral no sentido convencional, onde se é apenas bom e virtuoso, mas a completude. A completude inclui a luz e a escuridão, o masculino e o feminino, a razão e o instinto, o espírito e a natureza. O indivíduo que trilha esse caminho torna-se complexo, profundo e, muitas vezes, difícil de ser compreendido pelas normas coletivas simplistas. Ele deixa de projetar suas expectativas e culpas nos outros, assumindo a responsabilidade total por sua própria psique. Ao retirar suas projeções do mundo, ele libera as pessoas ao seu redor — cônjuge, filhos, colegas — do fardo de terem que carregar sua alma não vivida.

É importante ressaltar que a individuação nunca é um estado finalizado ou uma meta que se alcança definitivamente, como se ganha um diploma. É um processo contínuo que dura até o fim da vida. De fato, Jung via a própria morte não como um fim abrupto, mas como a meta final para a qual a segunda metade da vida aponta. Preparar-se para a morte, encontrando um sentido que transcenda a existência biológica imediata, é parte integrante da saúde psíquica do idoso. Uma sociedade que nega a morte e idolatra a juventude dificulta imensamente esse processo, deixando seus idosos psiquicamente desamparados e infantilizados.

Assim, a individuação é a resposta de Jung para o problema do sentido. O sofrimento neurótico, tão prevalente em nossa época, é frequentemente o resultado de um estancamento nesse fluxo natural de desenvolvimento. Quando a vida perde sua dimensão simbólica e teleológica, quando não sabemos para onde estamos indo ou quem estamos tentando nos tornar, caímos na apatia ou no desespero. O processo de individuação nos devolve a dignidade de sermos protagonistas de uma jornada sagrada, onde cada conflito, cada sonho e cada erro podem ser integrados em uma síntese maior.

Mas como esse diálogo com o inconsciente acontece na prática? Se a individuação é o objetivo, quais são os meios de transporte? Como o ego, limitado e racional, pode receber as mensagens dessa sabedoria interior que o orienta em direção à totalidade? A resposta reside na linguagem esquecida que a humanidade sempre utilizou para conversar com seus deuses e demônios, e que a psicologia moderna redescobriu como ferramenta clínica essencial: os sonhos e os símbolos.

Se a individuação é a meta suprema do desenvolvimento psíquico e o caminho para a realização da totalidade, surge uma questão prática e imediata: quem possui o mapa dessa jornada? Como vimos no subcapítulo anterior, o ego é limitado, parcial e frequentemente cego em relação às necessidades profundas da personalidade. Se deixado por conta própria, o ego tende a girar em círculos, repetindo padrões conhecidos ou buscando reforçar a sua própria zona de conforto. A orientação necessária para a individuação não pode vir, portanto, da consciência, mas deve emanar daquele "outro" que habita em nós, o centro regulador que Jung denominou Self. Mas como esse centro se comunica com a periferia? A resposta reside na linguagem esquecida e misteriosa dos sonhos e dos símbolos.

Para compreender o papel dos sonhos na Psicologia Analítica, é necessário, primeiramente, abandonar a visão popular — e em parte herdada de uma interpretação superficial da psicanálise freudiana inicial — de que o sonho é um disfarce. Jung rompeu decisivamente com a ideia de que o sonho seria uma fachada construída por um "censor" para esconder desejos inaceitáveis. Para Jung, o sonho não esconde; ele expõe. O sonho é um produto natural da psique, tão genuíno quanto uma flor é um produto natural de uma planta. A natureza não mente e não dissimula; ela simplesmente é. Se achamos um sonho obscuro ou confuso, a falha não está no sonho, que estaria tentando nos enganar, mas na nossa própria incapacidade de compreender a linguagem pictórica e arcaica em que ele se expressa.

A função primordial do sonho, segundo a perspectiva junguiana, é a compensação. A psique é um sistema autorregulador, semelhante ao corpo, que busca incessantemente a homeostase ou o equilíbrio. Quando a atitude consciente do ego se torna demasiado unilateral, rígida ou desviada dos instintos vitais, o inconsciente reage produzindo um sonho que compensa esse desequilíbrio.

Imaginemos, por exemplo, um homem que vive uma vida excessivamente intelectual, racional e ascética, desprezando o corpo e os instintos como coisas inferiores. Seu ego está inclinado perigosamente para o lado do espírito e da abstração. É muito provável que o inconsciente desse indivíduo produza sonhos repletos de imagens terrenas, sensuais ou até vulgares. O sonho não está dizendo que ele deve se tornar um libertino, mas está apresentando o contrapeso necessário: "Você esqueceu que também é um animal; aqui está a parte que falta na sua equação de vida". Sem essa correção noturna, a unilateralidade do ego poderia levar a um colapso psíquico ou a uma neurose. O sonho tenta restabelecer a simetria da totalidade.

Essa função compensatória revela que o sonho é um servo do processo de individuação. Ele atua como um corretor de rota. Se o ego navega muito para a esquerda, o sonho puxa o leme para a direita. Por essa razão, Jung insistia que um sonho nunca pode ser interpretado isoladamente, sem o conhecimento da situação consciente do sonhador. A imagem de um rei em um sonho pode significar uma exortação à autonomia para um homem com complexo de inferioridade, mas pode ser um aviso severo contra a inflação e a arrogância para um homem que já se julga superior aos outros. O sonho não possui um significado fixo de dicionário; seu sentido nasce da relação dinâmica com a vida desperta do indivíduo.

Além da compensação, os sonhos frequentemente exibem uma função prospectiva. Isso não deve ser confundido com profecia ou premonição mágica. Trata-se de um prognóstico psicológico. O inconsciente, tendo acesso a percepções subliminares, memórias esquecidas e tendências instintivas que escapam ao ego, muitas vezes consegue "ver" o desdobramento provável de uma situação antes que a consciência se dê conta. É como um médico experiente que, ao analisar os sintomas atuais, pode prever o curso da doença se nada for feito. Sonhos recorrentes de quedas, acidentes ou perseguições podem estar antecipando um colapso real se o indivíduo não mudar sua atitude consciente. Nesse sentido, os sonhos são avisos úteis que a totalidade psíquica envia à sua parte consciente, visando a preservação e o desenvolvimento da vida.

Mas por que essa mensagem precisa vir envelopada em imagens estranhas, em vez de um pensamento claro e lógico? Aqui retornamos ao conceito de símbolo, explorado no terceiro capítulo. O inconsciente é filogeneticamente mais antigo que a consciência racional. Sua linguagem não é a da lógica linear, mas a da imagem, da emoção e da analogia mítica. O sonho pensa em imagens. Quando o sonho nos apresenta um símbolo, ele está tentando comunicar algo que ainda não é conhecido, algo que transcende a capacidade de definição da razão.

O símbolo é a unidade de energia da individuação. Ele é a ponte que une os opostos. Quando estamos paralisados em um conflito insolúvel entre o dever e o desejo, a razão chega a um impasse. O sonho, bebendo na fonte da sabedoria instintiva, pode produzir um símbolo unificador — uma criança dourada, uma flor que nasce na rocha, uma mandala — que contém a energia de ambos os lados e aponta para uma nova direção. Esse símbolo, se devidamente acolhido e compreendido pelo ego, tem o poder de transformar a energia psíquica e desbloquear o processo de desenvolvimento.

A interpretação dos sonhos na Psicologia Analítica é, portanto, uma arte hermenêutica delicada, e não uma técnica mecânica. Jung propunha o método da amplificação. Diferente da associação livre de Freud, que tende a levar o sonhador de volta aos seus complexos pessoais e traumas infantis (reduzindo a imagem), a amplificação busca enriquecer a imagem. Ela gira em torno do símbolo, perguntando: "O que é um dragão? O que o dragão significa na mitologia, no folclore, na alquimia e na história cultural da humanidade?".

Ao conectar a imagem onírica individual aos seus paralelos universais no inconsciente coletivo, o sonhador deixa de se sentir isolado em sua patologia pessoal. Ele percebe que seu drama interno é uma reencenação de um drama humano eterno. A amplificação confere dignidade ao sofrimento e amplia a consciência, retirando o ego de seu pequeno casulo narcísico e inserindo-o no vasto fluxo da experiência humana arquetípica. O sonho deixa de ser apenas um "resíduo do dia anterior" para se tornar uma mensagem existencial.

Contudo, é crucial notar que a individuação não se revela plenamente em um único sonho. Um sonho isolado é como uma única frase de um longo romance; pode ser mal interpretado fora de contexto. É na série de sonhos, observada ao longo de meses ou anos, que o processo se torna visível. Ao analisarmos uma sequência longa, percebemos que, apesar das aparentes incoerências diárias, existe uma linha mestra, um enredo subjacente que está sendo tecido. Os sonhos mudam, os cenários variam, mas o tema central progride em espiral, aproximando-se gradualmente de um núcleo de sentido. Essa observação empírica da continuidade dos sonhos foi uma das maiores provas, para Jung, da existência do Self como o organizador secreto do destino psíquico.

O papel do ego diante dos sonhos e símbolos é, portanto, de responsabilidade ética. Não basta sonhar; é preciso trazer o sonho para a vida. A individuação exige um confronto dialético. O ego não deve se submeter cegamente ao inconsciente — isso seria psicose ou superstição —, nem deve ignorá-lo com arrogância racionalista — o que levaria à esterilidade e à neurose. O ego deve dialogar com o símbolo. Deve perguntar: "Por que essa imagem apareceu agora? O que ela exige de mim? Que atitude preciso mudar?".

Muitas vezes, a mensagem do sonho é desagradável. Ela fere a vaidade da Persona e desafia as crenças estabelecidas. Aceitar essa mensagem exige humildade e coragem moral. É o "sacrifício" que a individuação cobra. Mas é através desse trabalho contínuo de tradução do simbólico para o ético, do noturno para o diurno, que a personalidade se expande. A energia bruta dos arquétipos é refinada e integrada, tornando-se cultura, sabedoria e caráter.

Assim, os sonhos e os símbolos são as ferramentas indispensáveis de navegação na segunda metade da vida. Eles são a bússola que aponta para o norte magnético do Self. Sem eles, estamos à deriva. Com eles, a jornada, embora nunca isenta de perigos, adquire direção e propósito. O material caótico do inconsciente é lentamente transformado, através do trabalho simbólico, na pedra preciosa da personalidade integrada. Mas o que significa, na prática, viver como uma personalidade integrada? Como se parece o resultado desse longo processo de alquimia interior? É sobre a integração psíquica e o desenvolvimento pessoal que nos debruçaremos a seguir, concluindo a nossa análise sobre o caminho da individuação.

O trabalho de análise dos sonhos e a compreensão da linguagem simbólica, por mais fascinantes que sejam, não constituem um fim em si mesmos. Se o processo de individuação se limitasse à contemplação noturna de imagens arquetípicas ou à compreensão intelectual de conceitos mitológicos, ele seria apenas uma forma refinada de escapismo estético. O verdadeiro teste da individuação ocorre na luz crua do dia a dia, no terreno prático da existência concreta. É aqui que entra o conceito de integração psíquica, o estágio onde o chumbo pesado da sombra e o ouro volátil do espírito devem ser fundidos na liga resistente de uma personalidade madura.

A integração psíquica pode ser definida como o ato contínuo de incorporar à consciência os conteúdos que antes estavam dissociados no inconsciente. Isso não significa que o inconsciente deixe de existir ou que o mistério da psique seja totalmente esgotado — uma pretensão impossível e perigosa —, mas sim que a fronteira entre o eu consciente e o fundo desconhecido da alma se torna permeável e cooperativa. As barreiras rígidas que mantinham a Persona cimentada e a Sombra trancada são dissolvidas, permitindo um fluxo de energia vital que revitaliza o indivíduo.

Um dos equívocos mais persistentes sobre o resultado desse desenvolvimento pessoal é a ideia de que a pessoa individuada se torna um ser perfeito, imune a erros, conflitos ou sofrimentos, assemelhando-se a uma imagem idealizada de santidade. Jung foi enfático e reiterativo em sua oposição a essa fantasia de perfeição. Para a Psicologia Analítica, o objetivo não é a perfeição, mas a totalidade. A perfeição é um ideal mutilador, pois exige a seleção do que é bom e a exclusão do que é mau, o que inevitavelmente leva à repressão e à hipocrisia. A totalidade, por outro lado, exige a inclusão. O indivíduo integrado é aquele que aceita sua própria escuridão com a mesma franqueza com que aceita sua luz. Ele sabe que é capaz tanto de bondade quanto de crueldade, e é justamente essa consciência dolorosa que lhe confere solidez moral e o impede de ser possuído por impulsos inconscientes.

Essa mudança de perspectiva provoca uma transformação estrutural profunda na geografia da psique, que Jung descreveu como o deslocamento do centro da personalidade. Durante a primeira metade da vida, o centro de gravidade é o ego. O indivíduo acredita ser o senhor em sua própria casa, e sua vontade consciente parece ser o único motor de suas ações. No entanto, à medida que a integração avança e o diálogo com o inconsciente se aprofunda, o ego começa a perceber que ele não é o centro, mas apenas um objeto que gira em torno de um núcleo maior e mais abrangente. Esse novo centro, que engloba tanto a consciência quanto o inconsciente, é o que Jung denominou de Self ou Si-mesmo.

A relação entre o ego e o Self é frequentemente comparada à relação entre a Terra e o Sol. O ego (Terra) mantém sua autonomia relativa e sua função indispensável de dar suporte à consciência, mas reconhece que sua órbita e sua vida dependem da força gravitacional do Self (Sol). A integração psíquica, portanto, é o processo de subordinação voluntária e consciente do ego ao Self. O indivíduo deixa de perguntar O que eu quero para minha vida? e passa a perguntar O que a vida, através de mim, quer realizar?. Essa atitude, embora possa parecer passiva para a mentalidade ocidental moderna, é na verdade um estado de alerta ativo e de responsabilidade máxima. Trata-se de alinhar a vontade pessoal com a corrente mais profunda do destino individual.

Na prática cotidiana, essa integração se manifesta de formas muito específicas. O sinal mais evidente de desenvolvimento pessoal na ótica junguiana é a retirada das projeções. Enquanto somos inconscientes, tendemos a ver nossos próprios defeitos e virtudes não vividas nas pessoas ao nosso redor. O inimigo é sempre o outro; o salvador é sempre o outro. A pessoa integrada, ao reconhecer sua Sombra e sua Anima (ou Animus), recolhe essas projeções. Ela percebe que a irritação que sente pelo vizinho diz mais sobre sua própria intolerância reprimida do que sobre o vizinho. Ao assumir a propriedade de sua psique, ela libera o mundo da obrigação de carregar seus complexos. Isso gera uma espécie de higiene psíquica que transforma radicalmente os relacionamentos interpessoais. Onde antes havia cobrança e dependência, passa a haver relação real entre dois seres humanos falhos e inteiros.

Outra característica marcante da integração é a capacidade de sustentar paradoxos. A mente não integrada busca soluções rápidas e unilaterais: ou isto ou aquilo. A mente integrada, familiarizada com a dinâmica dos opostos, aprende a viver na tensão do e. Ela compreende que uma situação pode ser, ao mesmo tempo, uma perda terrível e uma oportunidade de crescimento; que alguém pode ser amado e odiado simultaneamente. Essa tolerância à ambiguidade retira o indivíduo do fanatismo e da rigidez ideológica, conferindo-lhe uma sabedoria que não é livresca, mas vivencial. É a sabedoria daquele que viu os dois lados da moeda e sabe que ambos pertencem à mesma realidade.

Jung observou que, nos estágios avançados do processo de individuação, a psique tende a produzir símbolos espontâneos de ordem e totalidade, sendo o mais famoso deles a mandala. Desenhos circulares, organizados em torno de um centro, aparecem em sonhos ou são produzidos artisticamente pelos pacientes como uma tentativa de contenção e ordenação do caos. A integração psíquica é, em última análise, a vivência dessa mandala interior. Mesmo que a vida externa esteja turbulenta, o indivíduo possui um temenos, um espaço sagrado e protegido dentro de si, onde reside uma calma que não é indiferença, mas ancoragem.

Contudo, é vital ressaltar que o desenvolvimento pessoal resultante da individuação não isola o sujeito em uma torre de marfim. Pelo contrário, a verdadeira individuação leva inevitavelmente a um retorno ao coletivo, mas em um novo nível. O indivíduo que se encontrou tem algo único a oferecer à comunidade. Ele não se conforma mais às normas coletivas por medo ou hábito (como fazia a Persona), mas escolhe conscientemente servir à humanidade através de sua vocação específica. A cultura, para Jung, não é mantida pela massa indiferenciada, mas pelos indivíduos que tiveram a coragem de se tornarem eles mesmos e trouxeram, de suas viagens ao inconsciente, novos valores e novos significados.

O sentido da vida, essa questão que assombra a segunda metade da existência, não é encontrado fora, em uma resposta filosófica pronta, mas é criado internamente através desse ato de integração. O sentido surge quando o ego consegue estabelecer uma conexão viva com o Self. Sentimos que a vida tem sentido quando estamos alinhados com a nossa natureza mais profunda, quando somos o que fomos projetados para ser. A neurose, o vazio e o tédio desaparecem não porque os problemas da vida acabaram, mas porque agora eles são vivenciados como parte de um drama significativo e coerente.

Ao concluirmos a análise do processo de individuação, percebemos que a Psicologia Analítica nos oferece uma visão da vida humana que é, ao mesmo tempo, humilde e grandiosa. Humilde, porque nos lembra constantemente de nossas limitações, de nossa dependência dos instintos e de nossa escuridão inata. Grandiosa, porque nos confere a dignidade de sermos parceiros do criador na tarefa de tornar o inconsciente consciente. A vida deixa de ser apenas uma sequência biológica de nascer, reproduzir e morrer, para se tornar uma obra de arte psíquica, esculpida dia após dia na pedra bruta da experiência.

Com o indivíduo forjado e temperado pelo fogo dos conflitos e pela água do inconsciente, resta-nos perguntar: como essa visão de mundo e essa compreensão profunda da alma podem ser aplicadas para além da jornada solitária de autodescoberta? Como a Psicologia Analítica atua no tratamento do sofrimento mental clínico e qual é a sua relevância para os desafios culturais da nossa era, marcada pela fragmentação e pela perda de mitos? É para a aplicação prática e a atualidade do pensamento de Jung que nos voltaremos no capítulo final.

Capítulo 6: Psicologia Analítica na Clínica e na Vida Contemporânea

Tendo explorado a vasta geografia da psique, desde os instintos profundos do inconsciente coletivo até o cume do processo de individuação, é natural que o leitor se pergunte como todo esse edifício teórico se traduz na prática concreta do tratamento do sofrimento humano. A Psicologia Analítica não nasceu em uma biblioteca ou em um laboratório de pesquisa acadêmica isolada, mas na tensão diária do consultório, diante de pacientes reais acometidos por neuroses, psicoses e crises existenciais. Portanto, compreender o pensamento de Jung exige que observemos como ele aplicava sua visão de mundo no encontro terapêutico.

A primeira distinção fundamental da clínica junguiana reside na sua concepção de patologia. Para a medicina clássica e para certas vertentes da psicologia mecanicista, a neurose é vista essencialmente como um defeito, uma avaria no funcionamento da máquina humana que deve ser consertada ou eliminada. Jung, contudo, propôs uma visão teleológica, ou seja, orientada para uma finalidade. Para ele, a neurose não é apenas um erro do passado ou um trauma infantil mal resolvido; é também, e principalmente, uma tentativa de cura mal sucedida. O sintoma é como uma febre: desagradável e perigosa, sim, mas um sinal de que o organismo está lutando para restabelecer um equilíbrio perdido.

Quando um paciente chega ao consultório com uma depressão paralisante ou uma ansiedade devoradora, o analista junguiano não se pergunta apenas "que trauma causou isso?", mas também "para onde esse sofrimento está tentando levar essa pessoa?". Frequentemente, a neurose surge porque a atitude consciente do ego tornou-se estreita demais, rígida demais ou afastada das bases instintivas da vida. O sofrimento, nesse contexto, atua como um corretivo doloroso que força o indivíduo a parar e a reconsiderar sua direção. A tarefa da terapia, portanto, não é simplesmente remover o sintoma para que o paciente volte a ser exatamente quem era antes — pois foi quem ele era antes que causou a doença —, mas ajudá-lo a decifrar a mensagem que o sintoma carrega e a integrar essa nova consciência.

Essa abordagem exige uma configuração clínica distinta. Diferente de Freud, que posicionava o paciente no divã, deitado e sem contato visual com o médico — uma disposição que enfatiza a autoridade do analista e facilita a projeção —, Jung preferia o atendimento face a face. Para ele, a psicoterapia não deveria ser uma cirurgia psíquica realizada por um médico distante sobre um objeto passivo, mas um procedimento dialético. Trata-se de um diálogo entre dois seres humanos. Jung utilizava frequentemente a metáfora da reação química: o encontro de duas personalidades é como o contato de duas substâncias químicas; se houver alguma reação, ambas são transformadas.

Isso nos leva a um dos pilares éticos e técnicos da clínica junguiana: a exigência de que o analista tenha passado por sua própria análise profunda. Se a terapia é uma interação onde a personalidade do médico é a principal ferramenta de trabalho, então essa ferramenta deve estar afiada e limpa. O analista só pode conduzir o paciente até onde ele mesmo foi. Se o terapeuta possui pontos cegos em sua própria sombra, ou se não integrou seus próprios complexos, ele inevitavelmente bloqueará o desenvolvimento do paciente nesses pontos específicos. Na Psicologia Analítica, o médico não é um observador imune; ele é um participante que está exposto à influência do inconsciente do paciente. É o arquétipo do Curador Ferido: somente quem conhece a própria ferida pode verdadeiramente ajudar na cura do outro.

No que tange ao método, Jung era avesso a dogmatismos técnicos rígidos. Ele dizia que cada paciente requer uma linguagem diferente e que a terapia deve ser feita sob medida para a individualidade da pessoa sentada à sua frente. No entanto, é possível discernir quatro etapas gerais no processo terapêutico, que não são necessariamente lineares, mas que descrevem a evolução do tratamento.

A primeira etapa é a confissão. O isolamento é um dos maiores fardos da doença mental. O segredo, aquilo que é escondido por vergonha ou culpa, atua como um veneno psíquico que separa o indivíduo da comunidade humana. O simples ato de compartilhar o segredo em um ambiente de confiança e não julgamento produz um efeito catártico imediato. É a limpeza das feridas. Contudo, a confissão por si só raramente é suficiente para uma cura duradoura, o que leva à segunda etapa: a elucidação.

Na elucidação, o foco recai sobre a compreensão da transferência. O paciente, inconscientemente, projeta no terapeuta figuras de sua história pessoal — o pai severo, a mãe protetora, o amante ideal. Enquanto essas projeções não forem resolvidas, o paciente permanece em um estado de dependência infantil. Aqui, a análise trabalha para distinguir o que pertence à realidade atual e o que é repetição de padrões passados, iluminando a sombra pessoal e os complexos infantis. Para muitos pacientes, especialmente aqueles na primeira metade da vida que buscam adaptação social, o trabalho pode encerrar-se satisfatoriamente após a terceira etapa, a educação, que visa traduzir os insights obtidos em novos comportamentos adaptativos e responsáveis perante a sociedade.

Contudo, para aqueles impulsionados por uma busca de sentido mais profunda, ou que se encontram na segunda metade da vida, abre-se a quarta etapa: a transformação. É aqui que a Psicologia Analítica se distingue radicalmente de outras abordagens. Nesta fase, o foco deixa de ser apenas a patologia ou a adaptação social e passa a ser o processo de individuação. A relação terapêutica transcende a dinâmica médico-paciente e torna-se uma parceria na exploração do inconsciente coletivo. O objetivo não é mais a normalidade, mas a singularidade e a totalidade.

Para navegar nessas águas profundas, a clínica junguiana utiliza ferramentas específicas, sendo a análise de sonhos a mais conhecida, mas não a única. Uma contribuição técnica vital de Jung foi o desenvolvimento da Imaginação Ativa. Diferente do sonho, que é passivo (nós sofremos o sonho), a Imaginação Ativa requer uma participação voluntária do ego. O paciente é instruído a focar em uma imagem onírica, um humor ou uma fantasia e a interagir conscientemente com ela, sem perder a crítica racional, mas sem inibir a fantasia.

Por exemplo, se um paciente sonhou com uma figura ameaçadora parada à porta, na Imaginação Ativa ele pode fechar os olhos, evocar a imagem novamente e perguntar à figura: Quem é você? O que você quer de mim?. O paciente deve então esperar que o inconsciente responda, não inventando uma resposta racional, mas permitindo que a figura fale ou aja por conta própria. Isso estabelece um diálogo direto entre o ego e as figuras do inconsciente. O objetivo é dar forma e voz aos complexos e arquétipos, retirando-os da autonomia perigosa da sombra e integrando-os na economia psíquica geral. É uma técnica poderosa que transforma o paciente de vítima passiva de seus humores em um colaborador ativo de sua própria psique.

Outro aspecto distintivo da prática clínica junguiana é a valorização da expressão criativa não verbal. Jung incentivava seus pacientes a desenhar, pintar, esculpir ou dançar suas visões e sonhos. O ato de dar forma material a uma imagem interna tem um efeito de objetivação. Enquanto o medo ou o conflito permanecem apenas como uma sensação vaga dentro da cabeça, eles possuem um poder ilimitado de contaminação. No momento em que o paciente pinta o seu medo — dando-lhe cor, forma e limites no papel —, ele se separa psicologicamente do afeto. Ele se torna o observador e o criador, não apenas a vítima. Essa prática não visa produzir obras de arte esteticamente agradáveis, mas sim documentos da alma, recipientes que contêm e transformam a energia psíquica.

É crucial notar que o objetivo final da terapia junguiana é a sua própria obsolescência. O analista não deseja criar um discípulo ou um dependente crônico, mas um indivíduo autônomo. A análise é um período de treinamento intensivo onde o paciente aprende a se relacionar com seu próprio inconsciente. Ele aprende a linguagem dos sonhos, a técnica da imaginação ativa e a ética da responsabilidade pessoal. Quando o indivíduo internaliza a função terapêutica — ou seja, quando ele se torna capaz de dialogar com seu próprio Self e encontrar sentido em seu sofrimento sem a mediação constante do médico —, a terapia cumpriu seu propósito.

O consultório, portanto, funciona como um vaso hermético, um espaço protegido onde a pressão necessária para a transformação pode ser mantida com segurança. Mas o que é forjado ali dentro deve ser capaz de sobreviver e florescer fora, no mundo real. A clínica não é um refúgio contra a vida, mas uma preparação para ela. E é justamente ao olharmos para o mundo fora do consultório que percebemos que os conceitos de Jung não se restringem à patologia individual. A sociedade, a cultura e a política são compostas por indivíduos e, portanto, estão sujeitas às mesmas leis psíquicas que regem a mente de uma única pessoa. Entender a dinâmica da psique coletiva tornou-se, nas últimas décadas, uma ferramenta indispensável para compreendermos os movimentos de massa, as polarizações ideológicas e a crise de sentido da modernidade.

Se a prática clínica, como vimos anteriormente, é o laboratório onde a dinâmica psíquica é observada em sua dimensão individual e microscópica, a análise cultural representa a aplicação dessa mesma lente de aumento ao corpo macroscópico da sociedade. Carl Gustav Jung nunca se contentou em ser apenas um médico de consultório, isolado das grandes correntes da história. Para ele, o paciente individual não sofre apenas de seus traumas familiares ou de sua biologia particular; ele sofre também, e inevitavelmente, do espírito do seu tempo. A neurose individual é, frequentemente, um sintoma de uma neurose coletiva mais ampla. Portanto, compreender a relevância cultural do pensamento junguiano é essencial para decifrar os movimentos de massa, as crises políticas e o mal-estar civilizacional que caracterizam a modernidade.

A premissa fundamental da crítica cultural junguiana reside na realidade objetiva do inconsciente coletivo. Assim como um indivíduo pode ser possuído por um complexo ou arrastado pela energia de um arquétipo não integrado, nações inteiras e grupos culturais também estão sujeitos a essas forças. A história humana, sob essa ótica, não é apenas uma sequência de fatos econômicos e políticos, mas o registro da evolução e das convulsões da psique coletiva. Quando uma sociedade reprime determinados valores ou ignora aspectos vitais da existência humana, o inconsciente coletivo reage de forma compensatória, muitas vezes violenta, gerando o que Jung denominou de epidemias psíquicas.

Jung testemunhou duas guerras mundiais e a ascensão de totalitarismos que devastaram a Europa. Diante do horror do nazismo e do estalinismo, ele não buscou explicações meramente sociológicas, mas psicológicas. Ele identificou nesses fenômenos a irrupção de forças arcaicas e pagãs que haviam sido reprimidas pelo cristianismo e pelo racionalismo iluminista. O antigo deus germânico da fúria e da tempestade, Wotan, não havia morrido; ele apenas dormia no inconsciente do povo alemão e, encontrando o momento propício de fraqueza do ego coletivo, despertou e possuiu as massas. Esse diagnóstico sombrio serve como um alerta perene: os deuses que esquecemos ou negamos não desaparecem; eles retornam disfarçados de ideologias políticas, líderes carismáticos ou movimentos de massa irracionais.

A atualidade desse pensamento é desconcertante. Vivemos em uma época marcada pela polarização extrema, onde o diálogo racional parece ter sido substituído pelo confronto tribal. A Psicologia Analítica oferece uma ferramenta precisa para dissecar esse fenômeno: a projeção da Sombra coletiva. Como discutimos no quarto capítulo, o indivíduo projeta seu mal interior no vizinho; analogamente, grupos sociais projetam sua sombra coletiva em grupos rivais. O inimigo político, a nação estrangeira ou a minoria social deixam de ser vistos como seres humanos complexos e tornam-se receptáculos de todo o mal, imoralidade e perigo que o grupo não admite em si mesmo. Cria-se uma dinâmica de nós, os puros e iluminados contra eles, os demônios. Enquanto essa projeção não for recolhida, enquanto não reconhecermos que o fanatismo e a violência que vemos no outro também habitam em nós como possibilidade latente, a paz social permanecerá uma utopia frágil.

Além da política, a relevância cultural de Jung estende-se à compreensão do fenômeno religioso e da perda de sentido no mundo contemporâneo. Jung observou que o homem moderno sofre de uma desnutrição simbólica. O avanço da ciência e da técnica, ao desmistificar o mundo, retirou da natureza e do cosmos o seu caráter numinoso. O trovão não é mais a voz de um deus, mas uma descarga elétrica; a lua não é mais uma deusa, mas um satélite de pedra. Embora esse desencantamento tenha trazido progressos materiais inegáveis, ele deixou a alma humana sem casa. Os antigos mitos e ritos, que serviam como canais seguros para a energia psíquica, perderam sua eficácia para grande parte da população.

O resultado desse vazio não é o triunfo da razão, mas a proliferação de substitutos mitológicos degradados. A necessidade religiosa do ser humano é instintiva e irreprimível. Se ela não encontra expressão nas catedrais tradicionais, ela se manifestará nos estádios de futebol, nos concertos de rock, na adoração de celebridades, no consumismo desenfreado ou na busca obsessiva por óvnis e fenômenos paranormais. Jung foi um dos primeiros intelectuais a tratar o fenômeno dos Discos Voadores não como uma questão de física aeroespacial, mas como um mito moderno em formação: a projeção de mandalas no céu, símbolos de totalidade e salvação tecnológica, criados por uma humanidade ansiosa e fragmentada à beira da autodestruição nuclear.

Nesse contexto, a arte desempenha um papel crucial. Jung via o verdadeiro artista não como alguém que expressa apenas sua subjetividade pessoal, mas como um veículo do inconsciente coletivo. O artista é aquele que, por possuir uma permeabilidade maior às camadas profundas da psique, consegue intuir as necessidades do futuro. Sua obra frequentemente compensa a unilateralidade da época. Se uma cultura é excessivamente rígida e racional, a arte tenderá a ser caótica, surreal e perturbadora, forçando a consciência coletiva a confrontar o irracional. Ler as manifestações artísticas de uma época é, portanto, ler o diagnóstico do estado de saúde da alma coletiva. O pensamento junguiano nos convida a olhar para o cinema, a literatura e as artes visuais não apenas como entretenimento, mas como sonhos da sociedade, repletos de mensagens que precisamos decifrar.

Outro ponto de extrema relevância é a crítica junguiana à massificação. Jung defendia ardorosamente o indivíduo contra a estatística. Ele argumentava que a massa é sempre, psicologicamente falando, inferior à soma de suas partes. Quando os indivíduos se fundem em uma multidão, o nível de consciência cai, a responsabilidade moral individual é diluída e os instintos primitivos assumem o comando. O Estado, quando divinizado e transformado em provedor absoluto de sentido e segurança, torna-se uma ameaça mortal à individuação. A única defesa contra a tirania do coletivo — seja ela imposta por um ditador ou pela pressão conformista da opinião pública e das redes sociais — é o desenvolvimento de uma personalidade forte e integrada. Apenas o indivíduo que está ancorado no seu próprio Self, que possui uma conexão direta com a fonte interior de autoridade, pode resistir à infecção psíquica da propaganda e da histeria coletiva.

Dessa forma, a individuação deixa de ser um luxo egoísta ou uma busca aristocrática de salvação pessoal para se tornar uma tarefa ética de responsabilidade social. O mundo não será salvo por grandes programas políticos ou por mudanças institucionais externas se a psique do homem que opera essas instituições permanecer a mesma. Se o indivíduo permanece inconsciente, ganancioso e projetivo, qualquer sistema, por mais perfeito que seja na teoria, será corrompido. Como Jung afirmou em uma de suas passagens mais citadas, nós somos a origem de todo o mal vindouro. A verdadeira revolução é a revolução da consciência. Aquele que retira suas projeções, que enfrenta sua própria sombra e que realiza a paz dentro de sua própria casa, contribui infinitesimalmente, mas de maneira real, para a paz do mundo. Ele deixa de adicionar sua cota de escuridão à densa nuvem que já cobre a humanidade.

A relevância cultural de Jung reside, em última análise, na sua capacidade de reencantar o mundo sem negar a razão. Ele nos oferece uma linguagem para falar do sagrado, do destino e da alma em um tempo que parece ter esquecido essas palavras. Ele nos lembra que a cultura não é apenas um acúmulo de saberes intelectuais, mas o cultivo da relação entre a consciência humana e o mistério insondável que a rodeia e a habita. Ao reconhecermos os arquétipos operando nos filmes que assistimos, nas notícias que lemos e nas ideologias que abraçamos, ganhamos uma liberdade nova: a liberdade de não sermos marionetes de forças invisíveis, mas participantes conscientes do drama humano.

Este entendimento nos prepara para o encerramento de nossa jornada. Se a psique é tão vasta, se os perigos culturais são tão prementes e se a tarefa da individuação é tão exigente, o que podemos esperar do futuro? Como a Psicologia Analítica se posiciona diante dos desafios inéditos do século XXI e qual é o legado vivo que ela deixa para as gerações vindouras? É com o olhar voltado para o horizonte e para a perenidade dessa busca que concluiremos nosso estudo.

Ao contemplarmos a trajetória da Psicologia Analítica desde as suas origens nas primeiras décadas do século XX até o presente momento, deparamo-nos com um fenômeno curioso, quase paradoxal: quanto mais a ciência e a tecnologia avançam, afastando-nos do mundo natural e mítico que Jung tanto valorizava, mais urgentes e necessárias se tornam as suas descobertas. Poder-se-ia imaginar que uma psicologia fundamentada no estudo de mitos antigos, alquimia medieval e sonhos religiosos estaria fadada à obsolescência na era da inteligência artificial, da neurociência avançada e da conectividade digital instantânea. No entanto, o que observamos é exatamente o oposto. A atualidade do pensamento junguiano reside no fato de que ele não tratou das modas passageiras da época, mas da estrutura arcaica e perene da psique humana, uma estrutura que permanece inalterada quer habitemos cavernas de pedra ou estações espaciais.

A relevância futura da Psicologia Analítica manifesta-se, primeiramente, no diálogo emergente com as novas ciências da mente. Durante muito tempo, a psicologia profunda foi vista com ceticismo pelo "cientificismo" materialista, que buscava localizar a mente exclusivamente na química cerebral. Contudo, avanços recentes na neurociência afetiva e nos estudos sobre a plasticidade cerebral começam a lançar pontes surpreendentes em direção às intuições de Jung. A descoberta de que o cérebro possui sistemas emocionais ancestrais, compartilhados com outros mamíferos, corrobora a ideia dos arquétipos como padrões de comportamento instintivo. A noção de que a mente não é uma "tábula rasa", mas que já nasce equipada com predisposições e formas de percepção herdadas, retira o conceito de inconsciente coletivo do campo do misticismo e o insere no terreno da biologia evolutiva. O futuro promete uma síntese onde a biologia explicará o hardware e a psicologia junguiana fornecerá o mapa do software simbólico que roda nessa máquina, permitindo uma compreensão integral do ser humano que nem a medicação isolada nem a análise puramente verbal conseguem alcançar.

Além da fronteira biológica, o pensamento de Jung oferece uma chave de leitura indispensável para o ambiente digital que colonizou o cotidiano contemporâneo. A internet pode ser compreendida, sob a ótica da Psicologia Analítica, como a materialização tecnológica do inconsciente coletivo. Nunca na história da humanidade estivemos tão conectados horizontalmente, compartilhando informações, imagens e afetos em tempo real. Essa "rede mundial" funciona como um sistema nervoso externo que amplifica tanto a sabedoria quanto a patologia da espécie.

Vemos nas redes sociais a proliferação de Personas digitais meticulosamente curadas, onde indivíduos projetam imagens idealizadas de felicidade e sucesso, gerando uma sombra compensatória de depressão, inveja e vazio interior nos observadores. Os "algoritmos", que nos alimentam com conteúdos que confirmam nossos viéses, atuam como complexos autônomos, fechando a consciência em bolhas narcísicas e impedindo o confronto saudável com o contraditório. O fenômeno do "cancelamento" virtual e das turbas digitais reproduz a dinâmica do bode expiatório e da caça às bruxas medieval, demonstrando que a tecnologia avançada não elimina os impulsos primitivos; apenas lhes confere uma velocidade e um alcance devastadores. Nesse cenário, a Psicologia Analítica no século XXI assume a tarefa de promover uma "higiene digital" ou uma individuação cibernética, ensinando o ego a manter sua integridade e humanidade diante do tsunami de dados e da despersonalização virtual.

Outro campo onde a visão junguiana se mostra crucial para o futuro é a crise ecológica. Jung via a natureza não apenas como um recurso material a ser explorado, mas como a matriz visível do inconsciente. A separação psicológica entre o homem moderno e a terra corresponde à separação entre o ego e o instinto. Ao dessacralizarmos a natureza, transformando-a em mero objeto de consumo, ferimos a nossa própria base vital. A ansiedade climática que assola as novas gerações não é apenas medo da extinção física, mas um sintoma de uma orfandade cósmica. A Psicologia Analítica sugere que a solução para a crise ambiental não virá apenas de novas tecnologias de energia limpa — embora estas sejam vitais —, mas de uma mudança na atitude da consciência. É necessário recuperar um senso de reverência e conexão simbólica com o mundo natural, reconhecendo que a psique não está apenas "dentro" do crânio, mas entrelaçada com o mundo ao redor. O futuro da sobrevivência humana pode depender dessa capacidade de reintegrar o arquétipo da natureza na cultura consciente.

No âmbito da busca de sentido, a Psicologia Analítica posiciona-se como um antídoto vital contra o niilismo e o fundamentalismo, os dois grandes perigos espirituais do nosso tempo. À medida que as estruturas religiosas tradicionais continuam a perder autoridade institucional no Ocidente, surge um vácuo que é frequentemente preenchido pelo materialismo cínico (a crença de que somos apenas "macacos sem pelos" movidos pelo acaso) ou pelo fanatismo cego (o retorno a dogmas literais e excludentes). Jung oferece uma terceira via: a espiritualidade como experiência psicológica direta e individual.

Ao valorizar a experiência numinosa pessoal — encontrada nos sonhos, na arte e na imaginação ativa — sem exigir a adesão a dogmas petrificados, a abordagem junguiana atende à sede espiritual do homem moderno de uma forma compatível com a liberdade intelectual e a crítica racional. O futuro da Psicologia Analítica, portanto, aponta para uma democratização das ferramentas de autoconhecimento. Ela deixa de ser um saber esotérico restrito a consultórios de elite para se tornar uma pedagogia da vida interior, acessível a educadores, artistas, líderes e a qualquer pessoa disposta a assumir a responsabilidade por sua própria alma.

Contudo, é imperativo que esse movimento de expansão não dilua a profundidade da teoria. Um dos riscos que a Psicologia Analítica enfrenta é a sua banalização pela cultura "New Age", que frequentemente se apropria de termos como arquétipo, sincronicidade e sombra de maneira superficial, transformando o árduo caminho da individuação em promessas mágicas de felicidade instantânea. O futuro da disciplina depende da manutenção do seu rigor ético e intelectual. A individuação, como vimos ao longo deste livro, não é um passeio agradável de autoafirmação, mas um confronto exigente com a realidade psíquica, que requer coragem, sacrifício e persistência. Manter essa gravidade, recusando-se a vender ilusões confortáveis, é o maior serviço que a psicologia junguiana pode prestar a uma sociedade viciada em facilidades.

Por fim, o legado de Carl Gustav Jung permanece vivo porque é um sistema aberto. Diferente de teóricos que tentaram fechar a compreensão humana em fórmulas definitivas, Jung sempre insistiu que suas ideias eram apenas propostas, ferramentas heurísticas e mapas provisórios de um território infinito. Ele encorajava seus alunos a não serem "junguianos" que repetem o mestre, mas a seguirem suas próprias naturezas. Isso permitiu que, nas décadas após sua morte, surgissem escolas pós-junguianas que expandiram seu pensamento para áreas que ele pouco explorou, como as questões de gênero, as dinâmicas sociais de poder, a diversidade cultural e a psicopatologia do trauma.

A Psicologia Analítica do futuro será, inevitavelmente, mais plural e diversificada, corrigindo os vieses históricos de seu fundador e adaptando-se às novas configurações da família e da identidade. No entanto, o núcleo central permanecerá: a convicção de que existe um centro regulador na psique que busca a totalidade, e de que a vida humana só adquire dignidade plena quando o indivíduo se torna consciente de sua participação no drama universal da existência. Em um mundo ameaçado pela desintegração e pela perda de alma, a psicologia de Jung permanece como um farol, lembrando-nos de que a solução para os problemas externos começa, invariavelmente, com a transformação do indivíduo que olha para dentro de si mesmo.

Don't miss out!

Visit the website below and you can sign up to receive emails whenever Deivede Eder Ferreira publishes a new book. There's no charge and no obligation.

https://books2read.com/r/B-A-ZGRUE-UQPWI

BOOKS 2 READ

Connecting independent readers to independent writers.

Did you love *Jung Explicado: Fundamentos da Psicologia Analítica*? Then you should read *Freud — The Definitive Biography: The True Story of the Father of Psychoanalysis*[1] by Deivede Eder Ferreira!

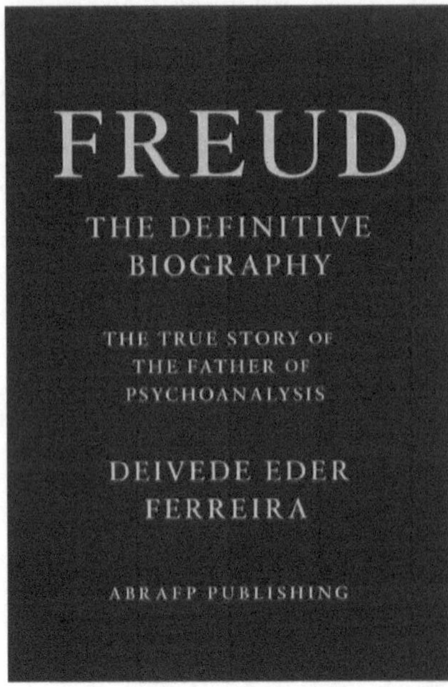

[2]

Freud: The Definitive Biography offers a powerful and meticulously crafted portrait of the man who transformed our understanding of the human mind. Moving beyond clichés and academic simplifications, this work traces Sigmund Freud's intellectual journey from the cafés of fin-de-siècle Vienna to the creation of one of the most influential theories of the twentieth century.

Drawing on historical documents, clinical notes, letters, and the major psychoanalytic texts, the book unfolds Freud's life in its full complexity: his early struggles, his scientific ambitions, his controversial discoveries, and the personal conflicts that shaped both

1. https://books2read.com/u/3LZxvD

2. https://books2read.com/u/3LZxvD

the man and his work. Each chapter combines rigorous scholarship with narrative clarity, making this biography accessible to new readers while offering depth and precision for specialists.

More than a chronological account, this book explores the emotional, cultural, and philosophical forces that molded Freud's thought. It illuminates the origins of concepts such as the unconscious, repression, the Oedipus complex, and the symbolic life of dreams, showing how these ideas emerged not only from clinical practice but also from the drama of Freud's own lived experience.

This is a definitive, engaging, and human portrait of Freud—neither idolized nor reduced—presenting him as a thinker who dared to look into the darkest corners of the psyche and, in doing so, changed the world.

Also by Deivede Eder Ferreira

Behind the Theory: The Lives of the Great Psychoanalysts
Freud — The Definitive Biography: The True Story of the Father of Psychoanalysis

Clássicos da Psicanálise — Autores Explicados
FREUD EXPLICADO: Fundamentos da Psicanálise
Jung Explicado: Fundamentos da Psicologia Analítica

Entre Quatro Paredes — Diálogos Essenciais
Entre quatro Paredes: Um Diálogo entre Freud e Sartre

O teatro silencioso da vida
Segredos Ocultos: Entre a Esposa e o Cunhado

Últimos Dias dos Grandes Pensadores
Sócrates: O Último Amanhecer
Platão: Quando o Mestre Silenciou

Aristóteles: O Nascimento do Método

Standalone

Psychoanalysis

The Quantum Switch: How to Shift Your Inner Reality

Does the Unconscious Desire Determine the Way We Die?: The New Theory of Phantasmatic Death

سقراط: الفجر الأخير

SUPÉRALO DE UNA VEZ: Libérate de tu ex y recupera tu paz

Psikanalize Giriş

www.ingramcontent.com/pod-product-compliance
Lightning Source LLC
LaVergne TN
LVHW090426210926
848480LV00002B/709

* 9 7 9 8 2 3 3 3 4 2 3 2 5 *